伙伴关系

——厄勒海峡通道项目管理成功之道

PARTNERSHIP PAYS:

Project Management the Øresund Way

[英] Helena Russell 著
李 英 译
张劲文 审校

人民交通出版社股份有限公司
China Communications Press Co.,Ltd.

图书在版编目（CIP）数据

伙伴关系：厄勒海峡通道项目管理成功之道 / (英)海伦娜 (Helena Russell) 著；李英译. -- 北京：人民交通出版社股份有限公司, 2017.4
ISBN 978-7-114-13790-7

Ⅰ. ①伙… Ⅱ. ①海… ②李… Ⅲ. ①跨海峡桥 – 桥梁工程 – 项目管理 – 研究 – 北欧②水下隧道 – 隧道工程 – 项目管理 – 研究 – 北欧 Ⅳ. ①U448.19②U459.5

中国版本图书馆CIP数据核字(2017)第088198号
著作权合同登记号：01–2017–3016

书　　名：伙伴关系——厄勒海峡通道项目管理成功之道
著 作 者：[英] Helena Russell
译　　者：李　英
责任编辑：赵瑞琴
出版发行：人民交通出版社股份有限公司
地　　址：（100011）北京市朝阳区安定门外外馆斜街3号
网　　址：http://www.ccpress.com.cn
销售电话：（010）59757973
总 经 销：人民交通出版社股份有限公司发行部
经　　销：各地新华书店
印　　刷：中国电影出版社印刷厂
开　　本：880 × 1230　1/32
印　　张：4.5
字　　数：110千
版　　次：2017年4月　第1版
印　　次：2017年4月　第1次印刷
书　　号：ISBN 978-7-114-13790-7
定　　价：25.00元

目录

译者序

《伙伴关系——厄勒海峡通道项目管理成功之道》(原书名:PARTNERSHIP PAYS: Project Management the Øresund Way(ISBN:0-9538619-0-2))一书于厄勒海峡通道项目正式通车的那年（2000年）出版。通车后，我曾多次赴该项目进行参观和交流，也读过该项目众多技术方面的书籍和论文，但介绍该项目管理的这本书是在2014年第一次读到的。也许是经历了类似的伙伴关系的项目——港珠澳大桥的建设过程，让我读过一遍就对此书产生很多感触和共鸣，没有太多犹豫就开始对全书进行翻译。由于是生平第一次翻译书籍，从没有考虑可能需要花费自己很多时间，仅抱有一份想尽快完成能让更多的同行们了解和分享的激情。

在全文翻译完成之前，应《桥梁》杂志约稿，我曾发表了一篇关于本书内容缩略性的编译稿——《厄勒海峡通道的项目管理——伙伴关系带来的成功》。发表之前由于心里没底曾将编译稿的初稿发送给一些朋友试看，后来收到的反馈均表示一致的支持意见，使我很受鼓舞，下面仅摘录部分反馈信息：

“谢谢你的文章：读《厄勒海峡通道的项目管理——伙伴关系带来的成功》，学习了几遍，获益匪浅，很受启示。可在《桥梁》杂志上分期发表。”——交通部原总工凤懋润，于2015年2月3日，也特别感谢凤总另外还对文章提出了很好的细节意见，并鼓励我翻译全书。

“谢谢你提供的厄勒海峡通道项目的管理经验，非常有感触，也非常受启发，港珠澳大桥目前处在最困难的时期，需要业主和承包人及参建各方共同努力，以积极的态度克服困难。我们的项目也强调伙伴关系理念，国内外的环境不同，国外的经验肯定没法照搬，但他山之石可以攻玉，希望我们的同事能有所借鉴。”——港珠澳大桥管理局朱永灵局长，于2015年1月22日。

“内容非常好，翻译也很出色，尽管国情不同，建设环境存在巨大差异，很多的东西当然难以照搬，但却极有借鉴意义。我更感兴趣的是：建议你取得作者授权，在中国出版完整的中文译本公开发行。”——港珠澳大桥管理局工程总监张劲文，于2015年1月21日。

“认真阅读了你的文章，了解到这本书的内容主要是介绍、分享跨海通道项目管理的经验，提出业主与承包商建立伙伴关系的管理理念。书中宝贵的经验和体会，不仅对类似港珠澳大桥的项目，也对于从事大型基础设施建设的业主、承包商提升项目管理水平、确保项目目标实现很有价值。”——广东省电力设计研究院总工裴爱国，于2015年1月26日。

港珠澳大桥的其他同事如苏权科总工、高星林局长助理等都对我的翻译给予了鼓励并提出建议。另外，一些同行朋友或者通过电话或者通过面对面交流也都谈过对编译稿的看法，同时表达了对我翻译全书的支持和期待；我的先生也从他从事的建筑领域和担当业主的经验中，认可这本书中很多好的理念并将编译稿推荐给他的同事们，这里不一一赘述。这些都更加坚定了我尽快将全文翻译出版的决心。

在全书翻译过程中，我特别要感谢审校人张劲文博士，他从项目管理专业的角度和国内基础设施项目建设的惯例和经验上，为译文提出了很多好的建设性意见。他曾给我指出文中多处有理解失误甚至是不准确的地方，而且花费很多时间就一些难理解的文字和段落与我进行了多次详细的讨论，最终使修改后的译文质量跃升了一个台阶。

原文涉及的专业很多，尤其是疏浚专业方面的内容较多，我特别邀请疏浚专家曹湘波对部分译文进行了审校。

翻译的宗旨需要忠于原文，但是仅一本书不可能把一个如此大项目的方方面面全部涵盖，更何况项目位于遥远的欧洲。为了中国的同行们更容易理解该书的内涵，本书在严格忠于原文的基础上，在对原文翻译过程中做了如下的一些编辑：

●很多原文提到的项目人员的职位在中国都无法找到一一对应的词语，仅从字面很难理解职位的高低和内涵，通过充分理解原文和项目背景，脱开英文直译，补充了人员组织架构图，与张劲文博士一起为部分职位选择尽可能符合该人员身份的中文名称，比如本项目非常重要的人物 Peter Lundhus，英文直译就是技术总监，实际上他负责的内容远不止技术一个方面，译文中就将其称为“工程技术总监”。

●为原文中一些专业术语或者特殊内容，比如项目的目标补充了公开发表过的项目背景资料，以便于读者对本书有更全面细致的了解。

●原作者对第 1 章桥梁、隧道和人工岛技术方案的部分文字描述并不是特别专业或者符合中国的习惯，在翻译时，采用了大家熟悉的中文专业术语进行方案描述。

●由于原著是在十几年前出版的，版权单位只提供了部分原书的插图，并补充了一些替代插图，相信其中一部分一定是首次公开给读者的。另外，本书对原书中所有插图的放置位置都作了一些调整，以便于与文字对应，也便于读者理解。

●尽可能将原文中出现的人名放在框架图或者组织图中以便于读者理解该人物的职位。

最后，我非常感谢丹麦 - 德国费蒙海峡通道（Fehmarnbelt Fix Link）业主合同总监 Kim Smedegaard Andersen 赠与我原书，包括就本书内容与我进行的探讨以及他在费蒙通道项目管理中的考虑，同时还要感谢他和原书的版权单位——Øresundsbron Konsortiet 对本书的翻译出版给予的大力支持。

由于时间和本人学识有限，译文难免有错误或不当之处，欢迎读者指出。

原书的翻译完成于 2015 年 6 月 16 日，经过努力和 Kim 先生协商在等待了一年半后才最终获得出版的权利。我很感激 Kim 先生费尽周折和努力为我争取到这个权利，一年多时间里他已经从原来的费蒙海峡通道合同总监升任为这个世界超级工程的工程技术副总监，后又被任命为 Sund & BæltPartner 股份公司首席执行官（CEO）。我很感谢他对我说的话："I must admit it would have been easier to say no to this agreement, but after all with an enclosed agreement for signature it have been a pleasure to facilitate this agreement for the further corporation in between the parties.(我必须承认，对这个翻译出版协议说'不'是件更加容易的事，但毕竟让这个协议得到签署能加强伙伴之间进一步的合作和联系是让人很高兴的")。在本序的后面，读者可以听到作为经历过厄勒海峡通道全过程伙伴关系的他今天是怎么说的。

Kim 为我联系了版权单位——Øresundsbron Konsortiet（由丹麦和瑞典政府联合成立各占 50% 股份的公司，负责厄勒海峡通道的建设和运营），分别找了该单位丹麦和瑞典方的主要人员与他们达成协议；他又联系了原书的出版单位——ROUTE ONE PUBLISHING LTD（现在已经被另外一家出版社 Hemming Group 收购，包括本书的版权）和原书作者 Helena Russell, 与他们均达成了协议授予我权利翻译出版本书。也许很有机缘，原书作者 Helena Russell 是一位和我一样从事土木工程的女士，她毕业于伦敦帝国学院土木工程系，从 1991 年开始作为工程技术记者在建设行业工作。目前是国际季刊杂志《BRIDGE DESIGN & ENGINEERING》（桥梁设计与桥梁工程）的编辑（www.bridgeweb.com），该杂志由 Hemming Group 出版。感谢她让我把她编辑的作品译成中文在中国发行，相信我们俩之间就伙伴关系的理念会有很多共同语言。

她已经向我表达了她的杂志对港珠澳大桥甚至中国桥梁发展的极大兴趣，她相信中国的桥梁发展技术一定会吸引她的读者。

本书的故事发生在地球遥远的另一边，十几年过去了，科学技术已经飞速发展，但我认为促使项目成功的"伙伴关系"，其基本原理却不会改变，不分国界和地域，它决定了执行项目的主体因素“人”的做法和想法。尽管每个人的理解会有不同，但读者一定能从这个故事中找到些什么。

本译著也特别献给港珠澳大桥及其岛隧工程！

李　英

2017/1/24

Kim Smedegaard Andersen 先生简介

●丹麦 Sund & BæltPartner 股份公司首席执行官（CEO）

●费蒙通道的工程技术副总监、沉管隧道和安装工程的合同总监。

电话：+45 33 41 63 46

手机：+45 21 37 90 28

邮箱：ksa@femern.dk

简历

Kim 于 1992 年毕业于丹麦奥尔堡大学土木系海工专业，大学学习过程中也在德国和英国经历过。在厄勒海峡通道项目中，他担任疏浚和填海合同的设计经理，在业主团队参与沉管隧道相关工作 7 年。随后他作为咨询工程师，成为哥本哈根 Ørestad 城基础设施发展的项目经理和哥本哈根歌剧院项目的市场总监。2006 年他加入一个承包人公司，负责一个媒体公司在哥本哈根的高级建筑物工程。

自 2009 年 4 月到现在，他开始负责费蒙通道沉管隧道的设计工作，目前同时担任沉管隧道和机电安装工程的合同总监 、隧道经理、工程技术副总监。

2017 年 1 月他被任命为 Sund & Bælt Partner 股份公司首席

执行官，Sund & Bælt Partner 股份公司是一个咨询公司，利用其母公司 Sund & Bælt 控股集团的专业人员，为丹麦和国际客户提供咨询服务，（Sund & Bælt 控股集团为丹麦政府所有，负责丹麦大贝尔特桥、厄勒海峡通道、费蒙通道的建设和运营）。

从 2013 年开始，他担任丹麦隧道和地下工程协会（世界隧道协会 ITA 成员）主席。

Kim Smedegaard Andersen* 先生的话

厄勒海峡通道通车至今已经超过16年，今天再读《伙伴关系——厄勒海峡通道项目管理成功之道》这本书，我认为当时业主与承包人、政府部门和利益相关方之间成功合作的方法在今天依然适用。

作为个人，我一直将在厄勒海峡通道项目获得的经验和本书中描述的伙伴关系方法应用在我的职业生涯中。我相信它们已经不断为我创造了职业机会，从我参与哥本哈根著名的歌剧院项目到目前成为丹麦到德国费蒙通道项目执行管理团队的主要成员。

从1993年到厄勒海峡通道通车的2000年，我是业主机构（Øresundkonsortiet）技术部门的设计经理，分管疏浚和填海合同。

当我加入该项目时，刚刚从海工土木工程专业硕士毕业，有一种向富有经验的同事特别是项目执行管理团队学习的渴望和激情。同时，我又是年轻的设计经理，头脑里还装着新鲜的理论，希望把数值计算机模拟的最新知识应用到项目中。我庆幸自己加入了一个公开坦诚的团队，从我开始工作的第一天，他们就给予我包容、指导，同时也给予我挑战。到今天，我仍然受益于当时管理团队的指导和大家公开坦诚的处事态度。我经历了项目的每一个过程（方案设计、合同制定、招标采购、施工、试运营、通车），也就是从一个项目理念到其实现的全过程，所以我现在读这本书里关于项目管理的故事仍然感到非

* Kim Smedegaard Andersen 先生全程参与了厄勒海峡通道项目管理工作。

常兴奋。

费蒙通道是另一条连接丹麦和德国的17.5km长的沉管隧道，已经经历了一个漫长的项目发展过程，项目设想是在1991年丹麦和瑞典签订修建厄勒海峡通道条约时建立的，当时丹麦人承诺了要努力完成费蒙通道建设，创建一条连接德国和斯堪的纳维亚地区更加直接的连通道。当费蒙通道通车时，像欧洲和世界其他竞争区域一样，哥本哈根、汉堡和马尔默将形成一个新型强大的北欧竞争区域。

为了建成费蒙通道，业主机构已经将厄勒海峡通道的“伙伴关系”方法应用在项目中，这个方法是厄勒海峡通道工程技术总监 Peter Lundhus 先生发起的。

同时，我们也认识到新的理念在不断发展和实施，不断挑战着建设行业。

关注环境变得尤为重要

费蒙通道可行性研究阶段的推荐方案和比选方案进行了一次“方案竞赛”，为的是识别最优的技术和环境方案，最终作为可行性研究中作为比选方案的沉管隧道方案战胜推荐的斜拉桥方案，环境影响成为其中一个很重要的比选因素。

新型招标采购方法的应用

费蒙通道招标采用了欧盟关于大型合同采购的竞争性对话程序，目的是要确保通过准确清晰和平等的招标条件，让承包人理解费蒙通道的需求，减少项目风险，以及谋求项目合理的造价。回顾所走过的竞争性对话历程，我们认为它是完成招标的关键。

对话过程要求双方谈判桌上都具有熟悉大型基础设施项目的财务、法律、技术、环境、行政以及政治难度等方面的高级人员。我们相信“伙伴关系”方法创造了一个良好的双赢合同的基础。

BIM（建筑信息模型）或者 VDC（虚拟设计和施工）将成为未来重要的工具

费蒙通道项目招标过程中，我们要求承包人使用 BIM，也在竞争性对话中采用了 BIM 来讨论，从而增加对结构关键方案的理解和认识。设计阶段这些模型将被进一步细化作为后续合同的基础，最后在运营阶段还将成为资产管理的基础。

施工技术继续创新

厄勒海峡通道的沉管隧道施工中，隧道管节浇筑处在满足工程进度要求的关键线路上，为此专门建造了管节生产线工厂，成为第一代沉管隧道管节工业化生产技术。2004 年此方法在韩国釜山巨济通道沉管隧道施工中被进一步发展。

2009 年港珠澳大桥项目（HZMB）开发了第三代沉管隧道管节工业化生产技术，这是到目前为止最先进的技术。费蒙通道管节生产需要进一步创新来成为第四代技术。

知识、理念和经验的分享与交流成为大型项目之间越来越重要的部分。在港珠澳大桥施工过程中，我向来自中国的访问者就厄勒海峡通道项目做过介绍，也数次亲自访问过港珠澳大桥。

在技术交流和分享过程中，通过李英女士的牵线，我把这本书作为礼物之一赠送给接待我们的港珠澳大桥管理局，该书引起了管理局管理团队的很大兴趣。

李英女士将管理局的兴趣反馈给我，并表达了将原书翻译成中文出版的意愿。通过努力，我终于和丹麦以及瑞典共同控股的厄勒海峡通道运营公司——Øresundsbrokonsortiet、作者 Helena Russell 女士以及出版社 Hemming 集团达成了协议，允许这本书的翻译和出版。

与李英女士之间合作的成功使我感到非常高兴，因为我们的目的都是为了向中国同行分享丹麦的经验和介绍丹麦的项目管理模式。

引用威廉·莎士比亚《丹麦王子哈姆雷特的悲剧》（故事发生在丹麦艾尔西诺市的“哈姆雷特城堡”克伦堡宫）中的一句话：“联系，或不联系，这就是问题”。

一个超级工程不是仅建造一个基础设施，还包括建造过程中和建成后人们的联系。

感谢李英女士通过《伙伴关系——厄勒海峡通道项目管理成功之道》把中国和我们联系在一起。

Kim Smedegaard Andersen

2017 年 1 月　哥本哈根

Kim Smedegaard Andersen, who experienced the whole process of Øresund Link project management, says today:

It is now over 16 years since the Øresund Link opened to the public. But reading this book, *Partnership Pays:project management the Øresundway*, again today I can see that Øresundkonsortiet' s approach to successfully working with contractors, authorities and stakeholders is as relevant today as it was then.

On a personal level, I have applied my experience from the Øresund project and the approach described in this book throughout my professional career. I believe that this has created professional opportunities for me, from my work on the prestigious Opera House project in Copenhagen through to my current position in the Executive Management team of the Femern Fixed Link project.

From 1993 to the opening of the Øresund Link in 2000, I was a member of Øresundkonsortiet' s Technical Division acting as Design Manager on the Dredging and Reclamation Contract.

When I joined, I had recently graduated with an MSc in Maritime Civil Engineering and was eager to learn from my more experienced colleagues and, in particular, the Executive Management team. At the same time, I was the young design manager, with theory still fresh in my mind, bringing the latest knowledge and experience of numerical computing modelling. I found that I had joined an organisation that was open to including, educating and challenging me from my very first day. Today I still benefit from the management team' s mentoring and our open and trustworthy dialogue.

Having experienced each of the Øresundproject's stages (planning of the concept, development of the tender documents, procurement, construction, commissioning and bringing the crossing into the operation phase) as they were implemented and the bringing of the Øresund project to reality, it is still exciting to read the story of the management approach within this book.

The Femern Fixed Link project, a 17,5 km long immersed tunnel between Denmark and Germany, has been through a long development process. It was envisaged in the 1991 Treaty between Denmark and Sweden for the Øresund crossing. There the Danes promised to work hard for the realisation of the Femern link, to create a more direct connection to Germany from Scandinavia. When the Femern link is open, Copenhagen, Hamburg and Malmo will create a new strong Nordic competitive region like other competitive regions in Europe and the rest of the World.

Towards the goal of realising the Femern project, the Femern organisation has applied the *Partnership Pays approach* started by its former Technical Director, Peter Lundhus. At the same time, we recognise that new ideas have been developed and implemented, challenging the construction industry.

Environmental concerns are increasingly important

For Femern, a "competition" was made between the preferred technical solution and the preferred alternative solution,as identified in the feasibility studies, in order to identify the best technical and environmental solution. Here the immersed tunnel solution was selected to become the preferred solution rather than a cable–stayed bridge.

New methods of procurement have been used

The EU's procedure on competitive dialogue for the procurement of major contracts has been used with the objectives of making sure that the contractors understand what Femern wants, reducing risks and achieving the right cost within precise and equal bidding conditions.

Looking back on the competitive dialogue process, we feel it was key to delivering the tender process.

The dialogue process requires skilled staff on both sides of the table knowing the financial, legal, technical, environmental, administrative and, not least, political difficulties of a major infrastructure project. We believe that we have created a good foundation for a win–win contract based on the *Partnership Pays approach.*

BIM or VDC will be important tools in the future

On the Femern project we requested BIM models during tender and has used the models during the dialogues to discuss and increase the understanding where structural critical solutions should be understood better. The models will be further developed during the design phases and used as basis for the following contracts and the later asset management when we come into the operation phase.

In construction methods, Femern continues to innovate

For the Øresund's immersed tunnel, the casting process for the tunnel elements was critical to achieving the program. A purpose–built production line factory was used and was the first generation of tunnel element production–line facilities. In 2004 the method was further developed at the Busan Geoje immersed tunnel project.

From 2009, the Hong Kong–Zuhai–Macao Bridge (HZMB) project developed the third generation of industrialized tunnel element production facility, the most advanced facility to date.

The Femern project now requires further innovation to create the fourth generation of production facility.

Knowledge sharing and exchanging ideas are becoming more and more important parts of mega projects. During the development of the HZMB project I had the opportunity to present the Øresund project to visitors from China and during several visits to the HZMB project.

In the interests of knowledge sharing, this book was one of my presents to our hosts at the HZMB project, managed by Mrs. Li Ying, where it was of major interest to the organisation and to their team.

Mrs. Li Ying told me of this great interest and presented the idea of making the book available in a Chinese translation and publication. I took on the challenge to make an agreement with Øresund' s Danish –Swedish operating company,Øresundsbrokonsortiet, the author Mrs. Helena Russell and the publisher Hemming Group in order to allow translation and publication of the book.

I am pleased that together we were successful with the objective of sharing Danish knowledge and promoting the Danish management style in China.

To make a modern quote of William Shakespeare' s *The Tragedy of Hamlet, Prince of Denmark*(from the Danish historic site of "Hamlet' s castle" Kronborg in Elsinore): "*To be, or not to be connected, that is the question*" .

A mega project is not only making the infrastructure, it is also the connecting of people during and after the project has been realised.

Thank you to Mrs. Li Ying for connecting with us and making "Partnership Pays: Project management The Øresund way" available in China.

Kim Smedegaard Andersen
Copenhagen, January 2017

Introduction of Kim Smedegaard Andersen:

CEO Sund & Bælt Partner A/S
Deputy Technical Director
Contract Director, Immersed Tunnel & Installations
T: +45 33 41 63 46
M: +45 21 37 90 28
E: ksa@femern.dk

Summary

Kim Smedegaard Andersen graduated in 1992 as a maritime civil engineer from Aalborg University, spending time in Germany and the UK in the process. On the Øresund Fixed Link project, he acted as Design Manager on the Dredging & Reclamation contract and was also involved with the immersed tunnel for seven years on the client side. Subsequently, for a consultant engineers, he acted as project manager on the Ørestad City infrastructure development, the Opera House Project in Copenhagen and as Market Director. In 2006, he joined a contractor company and worked on an advanced building for a media company in Copenhagen.

In April 2009, he commenced the work on the design of the immersed tunnel across the Fehmarnbelt. He currently acts as Contract Director, Immersed Tunnel and E&M Installations, as Tunnel Manager and as Deputy Technical Director.

In January 2017, he was appointed CEO for Sund & Bælt Partner A/S, a consultancy company providing advisory services to national and international clients using experts from within the Sund & Bælt Holding group.

Since 2013 he has been Chairman of the Danish Tunnelling and Underground Society, a member of ITA (International Tunnel Association).

前言

本书研究了连接丹麦和瑞典的厄勒海峡通道建设中采用的项目管理方法。该项目属于超大规模的基础设施项目，最终能够比预期提前几个月完工，工程造价控制在预算内（含调整预算），且没有未决索赔，这些都是了不起的成就。通过细致梳理本项目的项目管理理念可以发现，整个项目的成功是因为将“伙伴关系”应用到了极致。本书将详细解释伙伴关系理念在本项目中的发展和实施。

在撰写本书期间，我相信业主——Øresundskonsortiet（简称为 ØSK）的高级管理层已经对项目进行了全面的回顾和深刻的思考。从和他们接触开始就感觉到，他们就不愿意向我们吹嘘他们取得的成就。

但是参与项目的人都真诚地愿意介绍和分享他们的经验和知识，使人容易感受到他们都把自己能参与这个项目作为一件幸运的事，并且能成功地将项目管理的新理念应用在此项目中而感到骄傲。他们希望总结出版一本书，让其他人有机会来学习厄勒海峡通道项目中的经验，甚至能将其应用到其他项目中。

即使到了本书的出版后期阶段，业主执行董事会的三位成员仍然担心他们会因这本书而被当成英雄。如果真是这个目的，我们不如简单地只采访他们，围绕他们的想法和文字来作为本书的基本内容好了。但实际上，在编写本书的过程中，我和我的同事们都被授予了权利可以随意采访任何一个想要采访的人。

在第一次编写会议上，业主就将项目管理理念的精髓内容提供给我们，然后由我们自己决定这是否“是一个值得分享给读者的好故事”。在数周时间我们一共采访了30个项目参与人。在面对面采访中，他们都可以自由谈论，而不需要受业主的控制或者审查。我们最终收到压倒性的正面反应，让我们信服这一定是一个好故事，我们要写出来。当然我们也听到了一些负面的意见，但我们也同样报道出来。再一次说明，业主没有任何想法要把这些反对的声音拿掉，或者采用其他的方式让我们使这些声音弱化。

本书主要由四位同事一起共同完成，大家在建设行业都有相当多的经验，不但在建设行业项目的文字撰写方面，而且都在这个行业工作。我们都对这个项目中发生的故事真正感兴趣，我们为该项目能够将理念和想法付诸实施而感到兴奋和喜悦，也希望这将真正预示着行业变化的到来。

Helena Russell

简介：引领方向

图 0–1　执行董事会三位成员（左到右：首席财务官 Jacobsen，工程技术总监 Lundhus，首席执行官 Landelius）

业主的高级管理层完全相信本项目的成功离不开每个参与成员的努力，但毫无疑问的是：整个业主机构背后的驱动力以及维护动力来自最高管理层。

执行董事会成员（图 0–1）包括首席执行官 (CEO) Sven Landelius、工程技术总监 Peter Lundhus、首席财务官 Teddy Jacobsen，三人都是最早参与本项目的。Teddy Jacobsen 和 Peter Lundhus 从业主机构 (ØSK) 成立时就加入，Landelius 在项目的头两年参与通道瑞典端岸上工程的业主机构——Svedab。虽然他们具有不同的背景，但是都认识到保证三个成员的步调一致非常重要。

不仅如此，他们也知道这个项目不得不和其他大型基础设施项目采用不同的管理方式，才能避免其他项目普遍存在的缺陷和问题，以及经常带来的工期延误、索赔或两者兼有的结果。

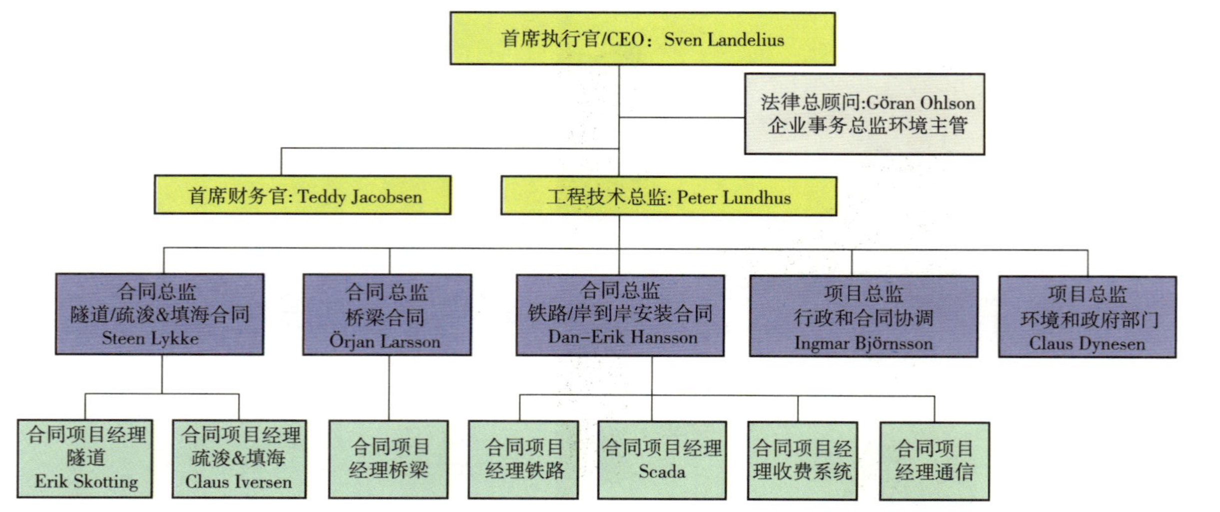

图 0-2　项目组织结构 *

* 此图为译者补充，摘自工程技术总监 Peter Lundhus 编写的厄勒海峡通道技术丛书隧道篇第 1 章 “业主的组织和管理理念” 中图 6。其中“工程技术总监”和“合同项目经理”未完全按照英文直译，通过理解全文后尽量以中国人习惯方式来表达职位的含义以及结构的层级关系。

业主的指导原则之一就是团队的每个成员都必须致力和忠诚于“伙伴关系”的管理方式，同时要能够管理和达到他们自己负责的具体目标。这个理念不但应用于业主本身，同时也应用于项目所有的参与方，如咨询、承包人、供应商等。除了这个基本原则，业主也说明其管理和领导并不是“静止或者一成不变的”，所以其前瞻性管理风格的基本原则是鼓励对既定策略、规划和进度进行持续的再审查，确保目标的实现。

当首席执行官 Sven Landelius 解释他的信念时，和所有的高层管理人员表达的一样，就是与其等问题来了才去反映，不如先去预测问题的发生，然后提前解决 。他说，“我们管理人员的优势就是：所有（高层）人员都已经非常熟悉施工过程，因此，他们可以把过去的经验灵活自如地应用在管理本项目中。”就像一个能在音乐会上演奏的钢琴家，他已经非常熟悉键盘，而不再需要去看键盘才能弹奏。Sven Landelius 说这种专业水平使整个管理团队可以把管理的焦点集中在实现最终目标，并向一个目标努力上。

他相信业主必须全盘审查整个项目对在这个区域生活的人们的影响。“这不仅仅是一个由钢材和混凝土建造的连接丹麦和瑞典的通道，”Sven Landelius 说，“同时我们还在建设一个新区域。”他说这就把整个责任提高到一个新的高度，“我们必须非常小心细致地对待我们所有的利益相关方。”这里的利益相关方并不是只与项目有法律关联的机构，而是包括任何这个项目的投资方、任何生活会受这个项目影响的一方；任何政府部门、相关的环境团体、媒体、公众的一员等。他解释说，通过小心地处理和对待我们的利益相关方，业主才有机会为这个区域、为相关的两个国家去建设这个项目。他继续说，“由于这个原因，我们不得不小心谨慎地选择合作伙伴，这里的合作伙伴是指参建单位，而不是法律伙伴，也就是参与通道设计和施工的团队。”

首席财务官 Teddy Jacobsen 和工程技术总监 Peter Lundhus

是同一时间加入业主团队的。Teddy Jacobsen 回忆说，“Peter Lundhus 懂施工而我懂财务，我们按各自专长分工负责，同时互相学习。”他又补充解释，“我来的时候是带着其他公共项目预算超支可怕的形象和回忆过来的，例如英吉利海峡隧道和丹麦大贝尔特项目。”Peter Lundhus 对他的担忧有共鸣。他们一起讨论了这些项目为什么执行得很困难，应该去采取怎样不同的方法。

厄勒海峡通道业主成功的一点源于业主拥有该项目所需的各项专业技能人才，这些人才包括银行家、经济学家、环保人士，以及为业主服务的顾问和承包商等。在项目早期，为了让项目顺利起步，管理团队不得不应对众多争议，专业技能人才为解决这些争议发挥了重要作用。Teddy Jacobsen 说业主非常需要一个组织严密的团队，同时具有非常高的知识技能水平，他们可以挺身而出去面对激烈的辩论和广泛深入的讨论。

Teddy Jacobsen 又说，业主花了很多时间去考虑和规划自己的做法，所有成员都要向自己提问：我们应该怎样承担风险、怎样处理问题以及怎样招聘核心团队，从而尽最大可能来打造一个最优秀的业主。

“目标管理、授权和积极主动的前瞻性”是业主管理层领导风格的主要内容。在这个理念和管理思路下，业主首先定义了清晰、可量测的目标，然后制定策略去实现目标，再围绕目标建立合适的组织结构。

*整个建设期间，业主设立了下列长期目标，包含三个关于进度和质量、环境、造价的“硬性”目标；也包含一个关于开放和合作的“软性”目标：

——在 2000 年根据规划开通一条运行良好的通道。

——满足政府部门规定的严格环保要求。

---

* 此处厄勒海峡通道业主设立的几个目标是由译者补充的。内容摘自工程技术总监 PeterLundhus 在厄勒海峡通道技术丛书隧道篇第 1 章“业主的组织和管理理念”中的介绍。

——预算内完成。

——无论是业主内部还是外部环境，开放坦诚始终作为相互信任和诚信的基础。

Peter Lundhus 考虑利用他过去当过承包人和参与大贝尔特项目的经验，来开发一种激进、具有挑战但又直接和便于实施的工作方法。

当被问到本项目的项目管理方法是否可以被应用到其他更小规模的项目时，Peter Lundhus 举了一个家庭装修的例子来证明他的观点。他说，前些年，他决定把家里厨房重新装修，但是当时马上就临近圣诞节了，他希望在圣诞节前完工，这样庆祝圣诞节时就不至于只有一个没完工的厨房。

装修工程开始前，他邀请了所有的施工人员——砌工、水暖工、电工等来家里开一个会，会上详细讨论了需要完成的事项、完成的顺序和所用的时间。他们草拟了一个计划，消除任何可能的工种之间的冲突后，每一个施工人员都向他承诺可以按计划完成。最终厨房装修按照计划在圣诞节前完工了。他说他为此感到很骄傲。

Peter Lundhus 是业主团队中参加过大贝尔特项目的人员之一，他有超过 20 年海外承包人的工作经验。他的经历已经教会了他：业主的态度通常是项目成功的决定性因素，其中业主怎样对待责任划分和风险分担又是最重要的因素。

本项目，Peter Lundhus 致力过程管理，而不是细枝末节。经历了他负责过的大贝尔特项目后已经使他很坚定，他要全面考虑他的决策对承包人的可能影响。他承认，“在大贝尔特项目，我是业主，按照业主的角色来处理问题，但是并没有考虑承包人却可能不喜欢这样的处理方式。”业主团队通常只具备非常有限的施工经验，这意味着业主对承包人的印象就比较刻板、陈旧。Peter Lundhus 希望本项目是一种完全不同的格局。

开始建立业主机构时，Peter Lundhus 偶然从海上行业正在采用的加速生产的新型管理方法中获得灵感，其中各参与公司都专注于在业主、承包人和咨询顾问之间建立更紧密的联系，从而加速对新领域的开发。Peter Lundhus 认为这一点可以作为本项目一个好的出发点。

就类似跨境超大型土木工程而言，当时世界上唯一可以和厄勒海峡通道项目相比的就只有英吉利海峡隧道，但是它的机构设置和本项目有巨大差异，业主和承包人根本上就是一个机构，从项目管理角度，Peter Lundhus 看不到这两个项目有任何相似之处。

他说“有一些决策业主不能授权给任何人”，“只有业主可以说他想要什么、什么时候要、要达到什么质量，换句话说，只有业主可以决策是要镀金的还是要镀银的。”

Peter Lundhus 回忆，当业主机构设立后，内部花了 6 个月时间进行激烈的辩论来最终确定本项目的管理理念和思路。作为项目业主，他试图对每个做出的决策都保持清晰的头脑，理

图 0-3　瑞典侧桥全景图

解这些决策对参与项目的承包人和其他组织意味着什么。

业主的整个理念类似于当时英国正在发展的“伙伴关系”方法，主要区别是本项目没有要求对伙伴关系效果签署任何书面文件。而在英国，所有合同方：业主、咨询机构和承包人都要签订协议承诺在合同执行中尽最大可能促进合作氛围，互相友好。Peter Lundhus 认为，“这仅仅是冰山一角，我们在厄勒海峡通道项目中做了同样的事情，但却没有书面签署一页这样的文件，我们不但把合作的理念应用到和承包人的关系当中，也同样应用到其他参与方，包括环境保护部门等。”

前面已经提到过，业主机构的其中一个最重要特点是其灵活性，及着重强调对业主及其合作伙伴进行持续性再评估工作。从业主的观点看，这种具有前瞻性的积极方法，是在如此短的时间内成功实施这样一个大型复杂项目的唯一可能的方法；另外增加开放和乐于倾听的管理文化，这些都显而易见形成了项目成功元素的组合体，最终促使项目按预算、比计划提前几个月完成。本书将详细介绍怎样将这些理念转变成实际可操作的措施以及怎样鼓励承包人采用同样的做法。设计与施工总承包合同的采用、公平分配风险、争议评审委员会的设立，以及平行施工计划的方法等都毫无疑问使项目获得了正面的效果，但是这些归根到底都是业主的态度和灵活性，为伙伴关系的工作方法奠定了基础。

首席执行官 Sven Landelius 是第一个承认这种方法需要花钱的人：招聘合适的专业人才需要花钱；但他同样也很坚定，如果不这样做以后花的钱会更多。“如果在一开始对人力资源配置不给予重视或者不愿意花钱，在项目出现问题后，再进行纠正会增加更多的成本”，他警告说。

1 方案设计

厄勒海峡是连接波罗的海和北海的主要通道，厄勒海峡通道连接丹麦和瑞典，其最让人印象深刻的数据，也是其最基本数据之一的是：长达 16km 连接两个国家的通道从项目批准、设计到建成通车仅用了 8 年。如此规模的工程可以按时完工（比计划工期还提前了数月），实际上是得益于采用了加快进度的平行施工计划。撇开其他让人赞叹的项目统计数据，提前完工应该被视为项目管理的一个出色成就。

1991 年丹麦和瑞典政府签订协议建设厄勒海峡通道，这个决策背后的推动力主要是为了改善两个国家的交通连接，刺激海峡两岸的发展，以及形成联合劳动力和房屋住宅市场来加强两地的文化和经济合作。这个区域被认为具有巨大的发展潜力，具备和欧洲其他主要的区域中心进行竞争的实力。

哥本哈根的凯斯楚普（Kastrup）国际机场正在逐步成为欧洲重要的空中交通枢纽（目前排名欧洲第 6 位），许多国际公司都在哥本哈根设立总部。厄勒海峡通道通车后期望可以大幅

图 1-1 项目时间表

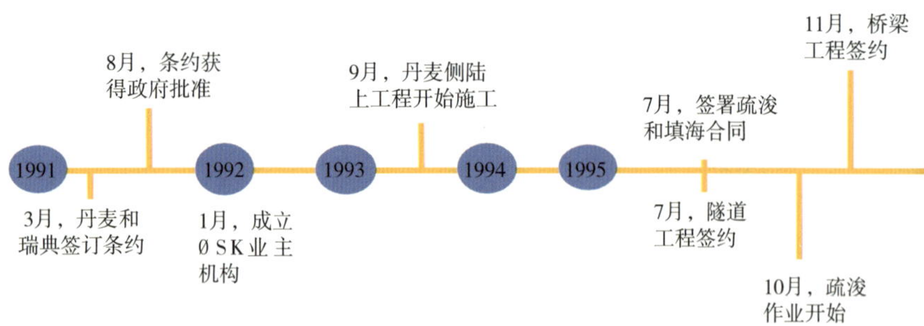

度增加跨越海峡通勤的人员数量，可能达到目前每年 2000 人这个数字的 3 倍。

建设连接两个国家通道的想法已有一个多世纪，就如何连接这两块陆地曾提出大量建议书。在 19 世纪晚期，一个建议甚至提出在更北面的 Helsingborg 和 Elsinore 之间建设一条更短的“水下桥梁”，它实际上是一条坐落在海床上的大型管道中的铁路线路。尽管当时技术上是可行的，但很快就因为这个地方的水太深且水流很急而被证明这个方案是不可行的。

接下来的一些建议书考虑了这些问题，关注点移到了丹麦哥本哈根和瑞典第三大城市马尔默（Malmö）之间的连通道。在 20 世纪 30 年代后期，有规划建议采用公铁两用线路通过中间的 Saltholm 岛跨越海峡。第二次世界大战后，这个想法又被重新提出，但是 1954 年提出的规划侧重点改变很大，其中不再包含铁路线，因为哥本哈根机场已经很繁忙，与丹麦一端的连接改为采用海底隧道 。

关于通道选址以及对环境影响的争议使项目在接下来的 20 年仍然陷入僵局，直到 1973 年，两国政府才签署了协议要建设跨越厄勒海峡的永久通道。协议规划中提及将哥本哈根凯斯楚普国际机场搬迁到厄勒海峡中间的“Saltholm”岛上，从哥本哈根到马尔默建设一条公路通道，从 Helsingborg 到 Elsinore 建设一条铁路通道。但是搬迁机场的建议被拒绝，因而通道的规划

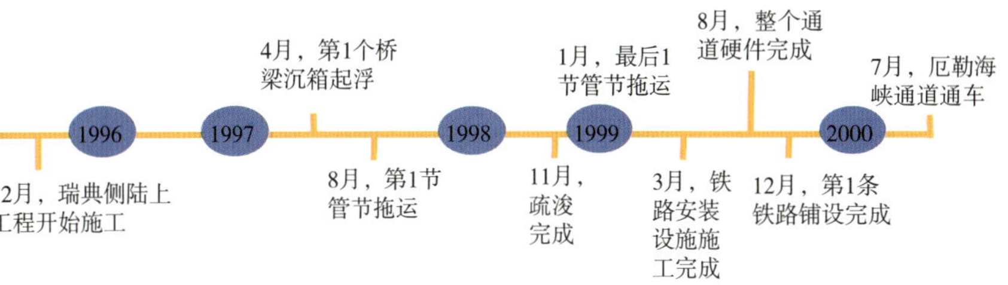

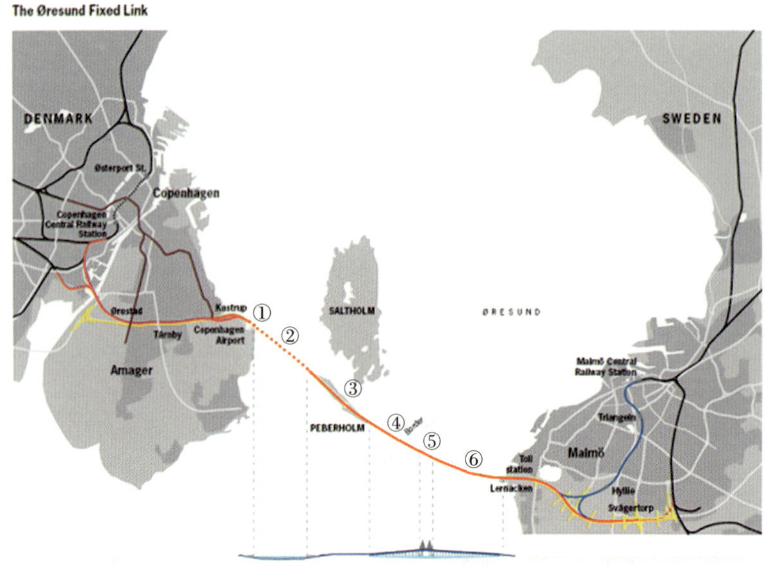

图 1-2　厄勒海峡通道平面图 *

需要重新修订。

又经过超过 10 年的时间，两个国家仍然没有就通道的形式，位置，公路、铁路分开还是合建达成一致。但在 1990 年突然达成共识，丹麦方提出了公铁两用通过海峡的通道方案，两周后瑞典方批准了该建议书，一年后双方政府签署了建设这条通道的协议。

这个协议承诺的是建设承担公路和铁路交通的通道，丹麦已经积累了建设这样规模项目的经验。该协议签订时连接 Zealand 和 Funen 岛之间的大贝尔特通道正在建设中，虽然当时施工过程并不顺利，但他们能从遇到的问题中吸取教训。事实上本项目业主机构的一些员工都曾在大贝尔特项目工作过。

如图 1-2 所示，厄勒海峡通道从丹麦端以靠近哥本哈根机场的人工半岛（430m 长）为出发点①，首先采用海底沉管隧道②

* 此图为译者补充。

通过丹麦端的主航道，然后在海峡中部的“PEBERHOLM”人工岛[3]上进行桥隧转换，将沉管隧道的公路和铁路管廊并行结构转换为公路铁路上下布置的双层桥梁结构，上部为双向 4 车道高速公路，下部为对开铁路。紧接着通过较低的西引桥[4]、主航道的斜拉桥[5]，最后通过东引桥[6]到达通道终点，终点为设在瑞典端马尔默（Malmö）的通道收费站和控制中心。

厄勒海峡通道主要由西侧的海底隧道、中间的人工岛和东侧的跨海大桥三部分组成，是全欧洲最长的公铁两用通道；两端为岸上段工程；其他相关联的公路和铁路连接线分别由瑞典和丹麦政府部门作为单独的合同委托执行。

两个国家签订协议后，成立了以下三个新的业主机构：

- 丹麦侧岸上工程业主——Øresundsforbindelsen (A/S Øresund)：由丹麦政府拥有，负责海峡丹麦侧岸上工程的设计和施工。
- 瑞典侧岸上工程业主——Svedab-Danska Broforbindelsen (Svedab)：由瑞典政府拥有，负责海峡瑞典侧岸上工程的设计和施工。
- 厄勒海峡通道业主——Øresundskonsortiet (ØSK)：两国政府各自拥有 50% 股份，负责厄勒海峡通道主体工程的设计、施工和运营。

图 1-3　通车 13 年的厄勒海峡通道和周边环境（李英摄于 2013 年 10 月）

丹麦政府
SUND & BæLT控股集团
100%
100%
大贝尔特桥管理公司
A/S Storebælt
厄勒海峡通道管理公司(A/S Øresund)
Øresund
50%
瑞典政府
瑞典公路局
瑞典铁路局
50%
50%
SVEDAB
瑞典公路和铁路通道管理公司
SVEDAB
50%
ØSK（Øresundskonsortiet）
厄勒海峡通道(主体工程)业主机构

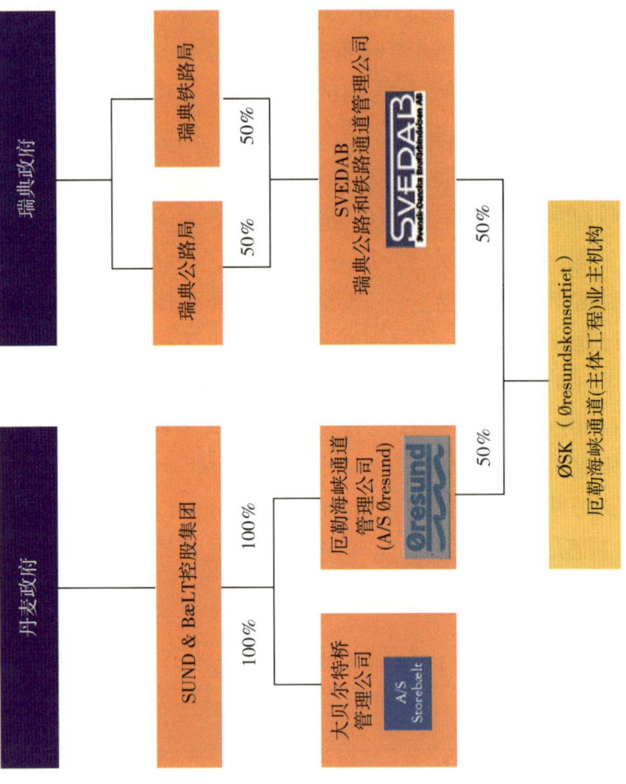

图 1-4　项目管理结构

瑞典政府　　丹麦政府

SVEDAB 瑞典侧岸上工程　　厄勒海峡(ØSK) 通道工程(海中段)　　A/Søresund 丹麦侧岸上工程

咨询公司（4个主要咨询合同）			
疏浚&填海/隧道 ØLC联合体	桥梁ASO联合体 项目总监 Klaus Falbe-Hansen	岸到岸安装工程 SLG联合体	海洋环境 咨询联合体 项目总监 Jacob Stten Møller
1. Ramboll 2. Scandiaconsult 3. Sir William Halcrow & Partner 4. 荷兰隧道工程咨询（TEC） 5. Dissing &Wailling	1. 奥雅娜&Partners 2. Setec 3. Gimsing &Madson 4. ISC 5. Georg Rotne	1. Hansen &Henneberg Copenhagen	1. 丹麦水力科学研究院 2. LIC工程 3. VKI/Toxicon 4. Water consult 5. 瑞典气象水文研究院

承包商（3个主要土建合同 + 4个其他岸到岸合同）						
隧道ØTC 联合体 隧道ØTC	疏浚&填海 ÖMJV 联合体 项目总监 Lars Carlsen	桥梁 Sundlink联合体 项目总监 Mats Williamsson	(监控与数据采集) Scada (岸到岸)	通信 (岸到岸)	铁路 (岸到岸)	收费系统
1. NCC 国际 2. Dumez-GTM 3. John Laing 4. E Pihl &son 5. Boskalis Westminster Dredging 6. Symonds Travers Morgan	1. Per Aarsleff 2. Ballast Nedam Dredging 3. Great Lakes Dredge & Dock 4. Carl Bro Anlag	1. Skanska 2. Hojgaard & Schultz 3. Monberg & Thorsen 4. Hochtief 5. Cowi Consult 6. VBB Anlagging	Sainco	Semco SAIT Devlonics	Banverket Industridivisionen	GEA

图 1-5　项目合同框架

厄勒海峡通道的主要项目合同如图 1–5 所示。

厄勒海峡：疏浚和填海合同

通道中部的海中人工岛和通道西部丹麦侧连接沉管隧道出口的新半岛，都需要进行大量的海中疏浚和填海施工，同时挖泥量必须达到政府部门“零阻水率”的环境要求，也就是通道建成后不能以任何形式阻碍波罗的海的水流进出。

所有海底挖泥都被再利用进行填筑工程，这样不但消除了对抛泥点的需求，而且避免了进口填筑材料。为了将环境影响降到最低，疏浚的溢流量必须控制在最大平均 5% 以内。

疏浚工程包括：人工岛填筑区的工作港池、临时进出航道

图 1–6 通道中部的人工岛

Saltholm
3
隧道口
公路线位
铁路线位
高架桥
2
填筑区
填筑施工的沉淀池
1
临时工作港
碎石护岸
临时卸载码头
临时工作港

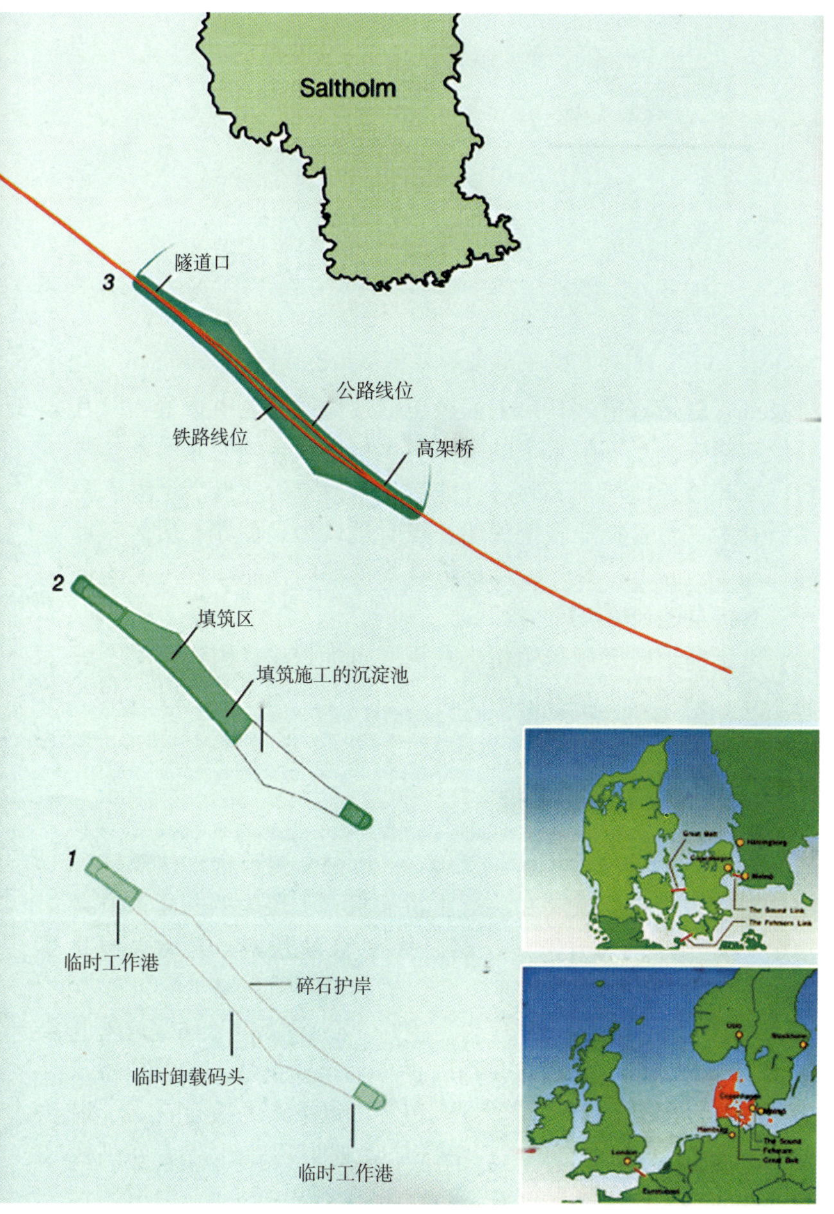

图 1-7　人工岛施工

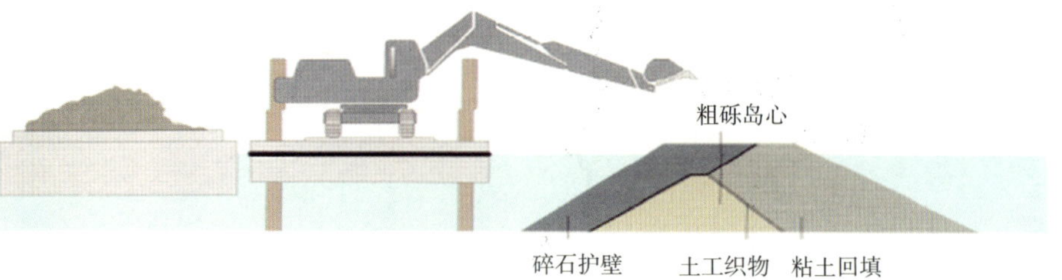

图 1-8 人工岛护岸施工

以及沉管隧道基槽。其余工程还包括瑞典侧的航道重置，以及补偿疏浚来满足零阻水率的要求。承包人联合体为此引入的两台巨型疏浚挖泥船都必须进行非常大的改造后才能满足溢流要求。其中一台是抓斗式挖泥船，当时被认为是世界上最大容量的抓斗（$21m^3$）；另外一台是耙吸式挖泥船，能够将污泥通过浮管直接泵送到填筑区。

人工岛填筑区域采用粗砾在周圈筑堤护岸，周边用土工织布围住，回填黏土，可以防止沉淀物溢漏。人工岛上设有两个沉淀池用于沉淀疏浚物。

厄勒海峡：桥梁合同

通道东侧的跨海大桥长 7.8km，为钢 – 混组合结构双层桥梁，包含一个钢桁架梁和混凝土桥面板；上层为双向 4 车道高速公路，下层为对开双线铁路，共有 51 座桥墩；跨海大桥共包括三个部分，即两端的东、西引桥和中间的高架主桥。

高架主桥为 1km 长斜拉桥，主跨 490m，高度 55m，跨越厄勒海峡瑞典侧的主航道，是当时世界上承重量最大的斜拉桥。斜拉索按照经典的“竖琴”方式布置，每条索大约间隔 12m 锚在高 204m 的塔柱中，该塔柱是当时瑞典的最高结构物。东引桥长 3.7km、27 跨，除三跨为 140m，其余都为 120m。 西引桥长 3km、22 跨，除 4 跨为 120m，其余都为 140m 。

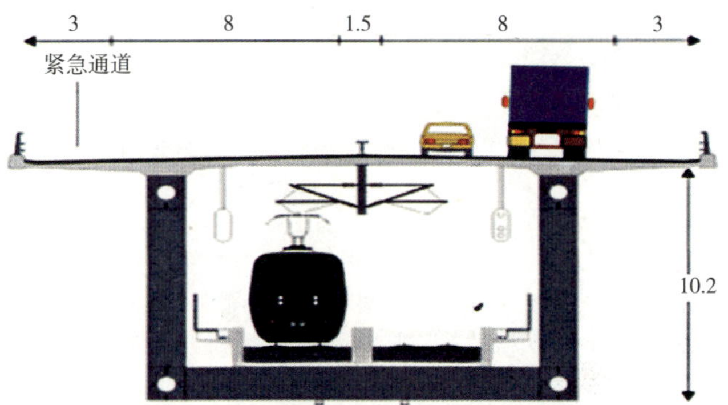

图 1-9　典型引桥主梁横断面（尺寸单位：m）

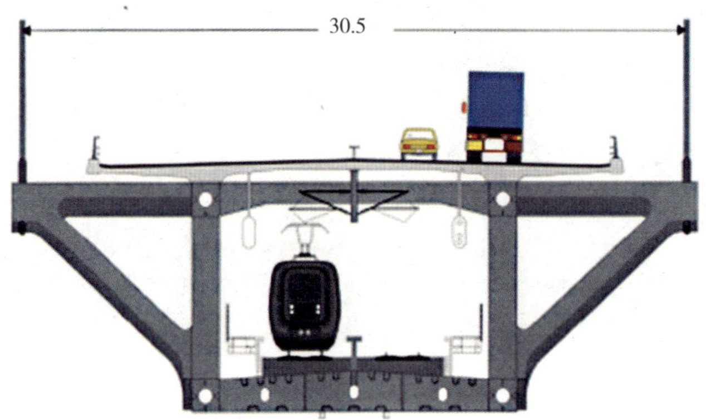

图 1-10　主桥大梁横断面（尺寸单位：m）

主桥和引桥的基础都采用预制沉箱，在陆地预制后运送到现场：引桥的沉箱通过大型“天鹅号”浮吊*运输；而主桥的大型桥墩则直接采用海上浮运，到位后沉到海底设计高程。基础处理方法是：首先在石灰岩上浇筑三个水下混凝土垫块，然后将沉箱支在垫块上，沉箱和石灰岩顶面的缝隙采用水下压浆填充。由于冰块和船只的撞击荷载要求，所有的沉箱和桥墩中必须填充砂或者其他压重材料。除了主桥的两个桥塔外，其他桥

* 译者补充说明：“天鹅号”浮吊最早是为了大贝尔特西桥的施工而制造的大型设备，在该桥施工完毕后，经过改造用于厄勒海峡通道的大桥施工，起吊重量增加到8700t，起吊高度增加到70m，为厄勒海峡大桥工程进度控制发挥了重要的作用。

图 1-11 “天鹅号”浮吊施工

墩均为预制，通过“天鹅号”浮吊运输。沉箱填充压重之后即进行塔柱混凝土的浇筑，每个桥塔由两个相同的现浇塔柱组成，采用惯用的爬模施工。

“天鹅号”浮吊用于逐跨安装整个桥的梁段。大多数的钢桁架梁都是在西班牙 Cadiz 制造，再运送到马尔默北港，进行混凝土桥面板浇筑和预制铁路安全通道的安装。引桥的梁段按整跨安装，而主桥的梁段分 8 个节段安装，由于厄勒海峡的海水较浅，架设高架主桥的梁体时在海上建立了三个临时墩，焊接完成后拆除。

桥梁预制厂设于马尔默北港，厂内建有大型混凝土桥梁节

图 1–12 主桥塔柱的预制和施工

段生产线。沉箱、桥墩和桥面板在运送到现场安装之前都在这里预制和存放。

厄勒海峡：隧道合同

隧道位于靠近丹麦的 Drogden 航道下部，横断面由 4 个行车孔组成，分别容纳对开双向铁路和双向 4 车道公路；隧道总长约 4km，沉管段由 20 个隧道管节组成，长 3.5km。两端暗埋段总长 500m，一端位于丹麦端人工半岛上，另一端位于海中人工岛上。

沉管隧道管节沉放之前，先要开挖隧道基槽。开挖施工的同时，能预制 176m 长的管节的隧道管节预制厂在海峡丹麦一侧开始兴建。因为管节生产对施工工期的影响很关键，为消除天气影响因素、保证施工质量和进度要求，承包人专门为本项目量身定做了新型管节预制厂，这是世界上第一次在沉管隧道

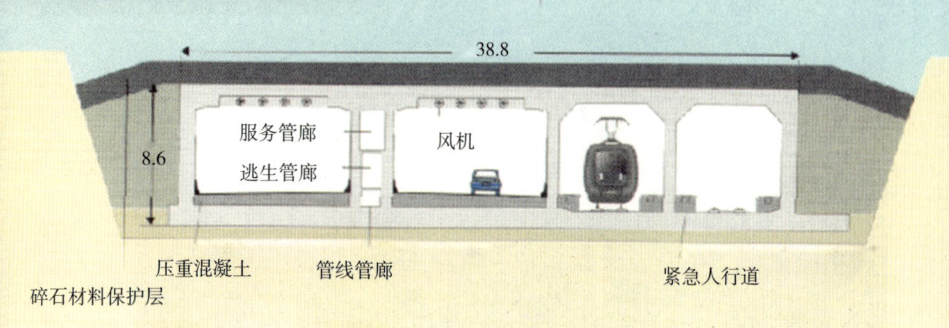

图 1-13　隧道横断面（尺寸单位：m）

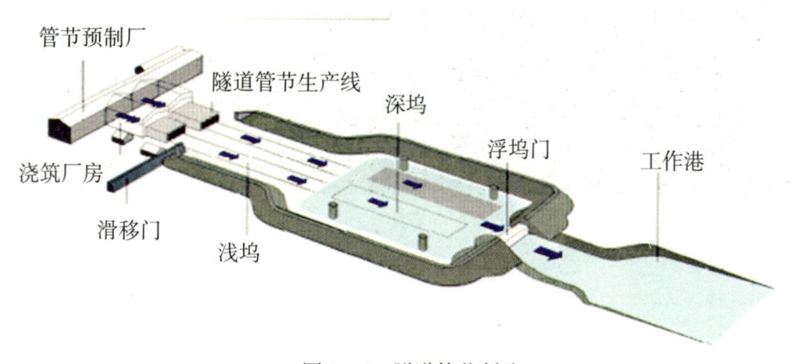

图 1-14　隧道管节制造

管节制造中采用预制厂流水线生产。两条生产线每周生产两个22m长的节段，8个节段组成一个管节。该厂具有对单个节段进行连续24h全断面浇筑能力，不但可缩短生产时间，而且可减少养护热应力问题。

预制厂外是两个巨大的干坞：浅坞和深坞。当两个隧道管节并排逐步完成8个节段浇筑后先用轨道顶推系统顶推到浅坞。顶推一旦结束管节两端头用端封门封闭，关闭工厂尾部的滑移门，往坞内注满水。然后两个管节就能从浅坞浮送到深坞，并进行坞内排水直到与海平面水位齐平。接着打开深坞的浮坞门与海连通，将管节拖出深坞并浮运到沉放现场。

隧道基槽全部铺满碎石垫层，碎石垫层铺设精度要求极高，

图 1-15　首个隧道管节浮运

作为管节的基础，碎石基床为管节提供了一个平整的支撑面。管节沉放完毕后，基槽内采用砂和碎石回填来保护隧道免于船撞、落锚或腐蚀。

厄勒海峡：岸到岸合同

机电、监控以及铁路安装工程作为独立的岸到岸范围的合同，分别由一个公司或一个联合体负责通道岸到岸全线的这部分工作。

通道全线设置了一个监控和数据采集系统 (SCADA)，对所有技术安装设备进行监控，向控制中心每天 24 小时提供全天候监控信息。系统包括交通管理、交通探测、可变信息牌、交通信号灯和闭路电视系统等。系统还可提供连续的道路状况信息，以便在需要时可迅速采取行动。SCADA 系统同时也收集结构方面的信息，用于维护计划、识别疲劳或者有缺陷的构件等。

通道的双轨铁路设计时速 200km/h，但列车必须同时适应丹

图 1-16 铁路

麦和瑞典的接触网系统，也就是沿铁路线上空架设的向电力机车供电的特殊输电线路系统。系统采用丹麦版，但在通道瑞典侧专门设计特殊的“中性”部分，使列车通过时可以从一个系统向另外一个系统转换。

厄勒海峡：收费系统合同

通道在瑞典侧设有收费站，每个方向有 11 条收费通道。机动车通过时可以采用现金、信用卡或者预付卡，或者电子卡支付。电子自动收费主要方便经常往来的乘客，可以很方便地驾车通过其中一个动态支付通道，最快可以 50km/h 速度通过，当车内的电子卡被记录时，费用自动被扣除。

大贝尔特项目的教训

厄勒海峡通道项目的许多高级工程师均参加过大贝尔特项目，带来了该项目的很多经验，虽然他们都非常不想提及大贝尔特项目遭遇过的困难和挫折，但很显然业主管理人员作出很多决策的出发点都源于从大贝尔特项目的问题中吸取教训不再犯错的愿望。

大贝尔特通道 18km，是连接丹麦 Funen 和 Zealand 岛的公铁两用通道。包括三个主要部分：东桥为当时世界最长的悬索公路桥 6.8km，东部隧道承担铁路运输；西桥 6.6km 为预制混凝土公铁两用桥。海峡中部的 Sprogo 岛提供东线和西线的转换。

施工于 1987 年得到批复，1988 年开工。该项目碰到很多意想不到的困难，尤其是 8km 的盾构隧道施工：由于盾构机的技术问题使隧道开工推迟一年，施工后又碰到糟糕的地质条件使施工进展很慢。1 年后海水涌入隧道将东边盾构机淹没，施工中止；又经过 1 年隧道施工才复工。1994 年发生火灾，将北边钻孔的盾构机毁坏，进一步造成工程延误。隧道施工合同最后总工期延误两年半，预算超出 2 亿丹麦克朗（DKK）（约合 2.5 亿元人民币*）。

该项目最终造价 290 亿丹麦克朗（DKK）（1998 年竣工通车价格，约合 362.5 亿元人民币），采用收费站收入和国家铁路机构税收来归还融资贷款，还贷期约 40 年。

* 为了便于与人民币进行比较，本书中所有的丹麦克朗（DKK）或瑞典克朗（SEK）的数字均按照 1998 年与人民币的大约平均汇率转换成人民币：1DKK = 1.25CNY；1SEK = 1CNY。

2 预算编制

2.1 简介

本项目设立的业主机构，类似于“PPP 模式（公私合营模式）”。虽然完全由丹麦和瑞典政府拥有，负责通道建设，但更像一个私营公司进行操作。丹麦已经采用类似的组织机构建设了大贝尔特通道项目，但是对瑞典仅是第二次将一个大型基础设施项目的责任赋予一个机构而不是政府。

如果要建造一条经济有效的通道，而又不需要定期向两国政府申请预算变化的批复，这时业主机构的结构形式就非常重要。基于好的经营原则，本业主具有足够的财务决策自主权，除了保证日常预算的顺畅管理，这种方式也避免了最不可预测之一的政治因素的变数影响。一旦业主机构成立，同时建设和运营项目的指南得到两国政府批准，政治家对施工方案和计划的直接影响就几乎很小，也就是说比如政府改选的风险因素不会影响到项目的费用。

对项目财务的控制也就意味着，一个有执政限期的政党可能从来不会批复的一些项目费用，而业主有权进行决策，因为政治家只会试图从短期去考虑问题，而业主可以从运营的长期去平衡费用。业主通过支付给承包人一些项目的额外费用来“保证”结果：在某些方面与其让承包人仅满足最低的职责要求，不如多支付一些费用，让他们更加严格和达到更好的结果，业主就能减少事情出错的风险和引发延误的风险。另一个方面，业主支付承包人额外费用来加快施工进度，从而提早通车，业主清楚这些成本将来可以很快从通道提早通车时间的收入中收回。

2.2 项目融资：来源和开支

业主机构由政府拥有，在类似私营公司的模式上运作（有点类似中国的事业单位企业管理的模式）。作为这个机构的领导成员之一，Peter Lundhus* 建议这个机构“私有化”但不能完全“商业化”，运作采用“特许经营权”模式，其中业主，也就是其中的公共部分，是条件的决策者。

两国政府是拥有者，当针对环境考虑等提出了非常严格的要求时，也授予了业主最大限度的贷款保证。业主可以用需要的债务凭证获得政府贷款保证，没有时间和额度的限制；业主可以通过将来收费收入逐年偿还这些债务；同时收入也用来支付两端岸上段的工程。如果业主仅被要求负责海中段岸到岸的工程，估计还贷期不到 20 年。

岸上连接线工程是本项目所必需的部分，将公路和铁路连通到海峡两岸的城市区域，并连接到两个国家的国家公路系统。但是岸上段没有收入来源，因而成本也必须从通道使用者收费收入中支付。丹麦侧岸上工程业主（A/S Øresund）从通道丹麦侧的终点位置开始修建了一条 18km 长的铁路和一条 9km 长的公路，将通道连接到丹麦现有的公路和铁路网络以及哥本哈根国际机场。这个工程造价 52 亿丹麦克朗（约合 65 亿元人民币），贷款期望要超过 30 年还清，包括使用主线的收入分红以及丹麦国家铁路收到的年费。瑞典侧岸上工程业主（Svedab）负责瑞典连接线工程，包括 10km 长的铁路和 10km 长的公路，以及现有连接线的一些现代化改造。这个工程造价 21 亿瑞典克朗（SEK）（约合 21 亿元人民币），贷款期望不到 20 年还清，使用主线的收入分红。这两个机构都是各自负责在自己国家政府支持下筹集资金。

海中段主体工程资金由业主机构 (ØSK) 通过国际资金市场筹措，双方政府提供最高的信用等级保证。幸运的是这个项目

* 业主工程技术总监。

业主由两国政府拥有，而且被评估为良好的投资业主，比只有任何其中一个政府拥有都要好。业主在 1995 年签订第一个施工合同时获得了第一个长期贷款，在施工合同中，承包人可以获得部分预付款作为启动资金。

在前 30 年运营期，将一半的收入用于支付债务的利息，将大约 15%用于支付运营维护费用，剩下的用于偿还债务和给两个岸上段机构的分红。按照目前的交通量预测和通车前一年设定的收费标准，预期第一年收入为 12.49 亿丹麦克朗（约合 15.6 亿元人民币）。每年丹麦和瑞典铁路公司都将支付业主机构一笔固定的通道使用费用，实际上公路收费补贴了铁路。

表 2–1　跨越厄勒海峡交通量

跨越厄勒海峡交通量（单位：百万人）		
旅客	1992 年	2000 年
	轮渡	厄勒海峡通道
小汽车	4.9	8.6
火车	0.8	7.0
公交车	2.9	6.4
其他	12.4	9.6
总计	21.0	31.6

2.3　将业主机构当成一个“生意”来经营，自我融资的益处

业主机构已经意识到项目财务方案能够成功的主要因素是：项目财务的总额控制和把业主机构当成一个“生意”来经营的能力。机构设置方式使项目从政府获得了最大的支持，从而保证了最有利的可能贷款利率。但是，更重要的是业主没有被要

求对两个政府有解释的义务，而只需要证明项目运行状态良好，处于业主的控制和预算内。这种快速决策和最低行政干预带来显著的优势是：业主有选择整个合同设计、施工方法和施工计划的自由，而不是全部被政府限制而缺乏弹性。

厄勒海峡通道项目采用的方法被写进“政府协议书（consortium agreement)”，要求业主机构尊重和遵守所有适用于商业公司的规章制度，涵盖管理、技能、会计原则等方面。业主要向两个政府提交中期和年度报告，关注项目进展、环境状态，以及用未偿债务还款期表达的盈利能力期望值等。

在计算原来的预算时，业主考虑了三个主要的变更因素：施工造价、利息和通道的交通量预测，并假定了项目全还款过程的利息为 4%，但是在施工过程实际利息都小于 4%，尽管这个数字可能在剩下的贷款期内上升，但已经意味着利息没有预期增长快。实际上，在项目初始几年，贷款利息极低，平均只有 1.6%，比预期的一半还少。

为编制预算，预测项目通车时的交通量为 10000 辆 / 天，这在当时总体上被认为是一个比较保守的数字，实际数字期望更高。

实际上，业主在通车前一年更新了交通量预测数据，因为使用通道的私家车数量预测数据上升，从 10000 辆 / 天增加到 11800 辆 / 天。任何怀疑这个数据修改只是用于平衡预算的猜测都无法成立，因为新的预测数据并没有对收入有任何影响：新的数据除了预测私家车数量增加，但同时也建议了重型货车数量比预期减少。

从一开始，工程造价就比初始预算高，尽管很多费用变化都是因为附加工程引起的。1995 年业主确定了两个最早的合同标时，疏浚和填海的合同在预算内，但是隧道合同标高出预算大约 15%。当年年底再确定桥梁标时，全部工程造价从 130 亿丹麦克朗（约合 162.5 亿元人民币）增加到 139 亿丹麦克朗（约合 173.8 亿元人民币），变更理由为合同模式改变为设计与施工总承包合同以及引入环境监控方案来保证达到零阻水率要求；另外还预留了 2 亿丹麦克朗（约合 2.5 亿元人民币）作为工程前期未预料到的紧急资金。还贷期因此延长，全部还款期期望值变为 26 年，比原来预测的多了两年。

1997 年批准的预算被再次修改到 147.5 亿丹麦克朗（约合 184.4 亿元人民币，为政府批准的最后调整预算）。新增的费用来自于新的航道要求、环保费用以及其他一些项目。两国政府都要求对航道使用做改变，包括对 Drogden 海峡新航道的规定。对隧道防火也提出了新的要求，直接原因是受到英吉利海峡隧道火灾的影响；另外，对独立环境监控和防止铁路噪声要求提高而增加了环保费用。最后还新增预留 2.5 亿丹麦克朗（约合 3.1 亿元人民币）来涵盖不可预见费用。全部还款期延长到 27 年。

图 2-1　桥塔施工

在编著本书时，也就是通道正式通车的几个月前，大部分施工已经完成，结算价不会再有改变，按照利息和交通量预测，全部还款期预测要 30 年。工程技术总监 Peter Lundhus 说，“我们制定一个预算后， 如果没有足够理由，这个预算就不能被突破。”这也意味着最后造价将控制在这个预算内。Peter Lundhus 只有一次在项目早期的听证会上要求增加费用。他说，为了减小工程对海峡阻水的影响，沉管隧道的长度增加了一倍。所有其他变化和额外付款都是在预算内。

项目决算的财务结果让众多业主都嫉妒，因为项目在预算（政府批准的调整预算）内和工期内完成，尤其是没有未决的索赔，这在传统建设行业都非常少见。

Göran Ohlson* 说：一个可能的原因，就是每一个参与的人都不希望在他们的简历中有一个出现瑕疵的项目。但另一个更有影响的因素是这个项目是自筹资金，而且资金的使用都是从长期去考虑的。他说，“我们不需要鼓励或动员任何人来给我们钱，但这并不就是说我们的预算是一个无底洞”。

2.4 支付额外工作、设计变更，工程加速

业主管理层对本项目施工作出的最重要决定之一就是有时通过额外支付某些工作一些费用来作为项目的一种“保险”，他们意识到这样做非常有用！尽管大家都已经很清楚各项工作都设定了需要满足的指标，对施工方案按照环境考虑也设定了一定的限制条件，但是承包人如何或者怎样达到这些要求却是由他们说了算。

另一方面，业主心里都非常明白通车晚一天，仅利息损失就是 300 万丹麦克朗（约合 375 万元人民币），还不计收入损失的问题。

有时业主不满意承包人提出来的风险等级，尽管承包人是按照合同条件执行的，因为业主非常清楚地知道，一旦问题发生，

* 业主法律总顾问。

对项目进度的影响是灾难性的。所以在有些情况下，业主将提出临时工程变更，支付承包人额外费用而获得对项目更有利的保证。

Peter Lundhus 举例解释：隧道管节预制厂在北港建设，必须在干环境下进行海底基坑的开挖，承包人打设钢板桩和降水井，同时因环境原因，设定了最大允许的抽水速率。虽然业主并不需要批复临时工程设计，但业主主动要求阅读承包人的方案，发现按其方案预计的抽水速率非常接近临界允许值。业主很担忧如果临界值被超过，工程将被停工而延误。

为了防止风险，业主额外支付承包人费用安装更多的钢板桩，业主把这笔费用当成一个“保险费”。虽然这样做让人感觉业主让承包人占了便宜，但是业主承认通过事实证明在本项目中并不是这样。

同样，疏浚承包人在第一个寒冷的冬季施工，工期滞后一个月，业主支付他们额外费用让他们赶工期，从而不让承包人在项目早期就承受工期滞后的风险。

另外，业主通过采用平行施工计划为项目节省了 5 个月工期，虽然花费了业主额外的费用，但业主工程技术总监 Peter Lundhus 说，这些额外的费用在提前 5 个月运营收费中可以很快得到补偿。

3 团队组建

3.1 简介

如果离开团队的精心构建取得项目的成功是绝对不可能的。在挑选团队过程中花费了大量的精力进行考虑和慎重选择，不仅是挑选业主团队人员，也包括项目团队的其他成员：比如业主的咨询单位、顾问机构和承包人等。

业主董事会和执行机构建立起来后，开始组建团队。工程技术总监 Peter Lundhus 很清楚他正在设定的标准和怎样来选择人员：“回顾以前我的成功和失败”，他说，“我意识到业主的态度通常是决定项目结果的决定性因素”。现实中，业主成员通常由没有什么施工经验的行政人员组成，从而会对承包人形成一种印象：“承包人都是需要被敲脑袋的坏家伙”。所以 Peter Lundhus 决定不按照常规模式组建团队，常规模式容易产生各方之间的不信任，而且容易激化因不同观点造成的不利和负面的争议。

从一开始，业主的主要目的就是通过“目标”来引入“管理”。工程技术总监 Peter Lundhus 想对责任制定清晰和绝对的分工，不仅是不同角色 —— 业主、咨询和承包人之间的责任，而且特别是业主各成员之间的责任。合同被划分为三个主要部分：隧道和疏浚与填海合同、桥梁合同、岸到岸合同。各部分再设分合同，每个分合同都设一个“合同项目经理”*；各合同项目经理负责其合同范围工作的进度、预算、环境、安全、信息等。各合同之间

---

* 译者补充说明：本项目主要设三个大的“合同总监”：隧道和疏浚与填海合同总监，桥梁合同总监，岸到岸合同总监。合同总监下面的各分合同分别设“合同项目经理”负责。

细节和责任的协调处理由一个跨领域的行政部门负责。

3.2 一种新的工作方法

在团队组建的过程中，Peter Lundhus 回忆业主大约用 6 个月时间集中深入讨论来决定本项目需要采用的思路和理念。作为一名业主，他声称他一直对自己所做的决策非常慎重而且了解决策给承包人和其他参与方带来的影响。

启初对深入讨论项目理念的形成、怎样应用和执行项目等内容，对业主成员们来说都是些非常奇怪不太让人理解的事情。

Steen Lykke* 承认在项目早期他很吃惊讨论战略所花费的时间，“我们有很多个晚上直到深夜还在讨论”，他说，“大家讨论项目过程、怎样度过一定的阶段等。现在回过头来，我能够看到这些讨论是促使项目成功的钥匙之一”。

项目很早就确定了采用设计与施工总承包模式，也就是只制定功能标准而不是细节的设计。“我们不得不思考由此带来的所有的可能性：我们是接受盾构隧道还是沉管隧道？我们是否允许承包人提出钢结构隧道而不是只有混凝土隧道？如果是这样，我们要采用什么样的标准？作为设计与施工总承包工程，至关重要的是必须保证我们作为业主得到最后想要的东西，而并非去干涉，所以我们反反复复讨论过业主应该以什么深度涉入到设计中。”

Ingmar Björnsson** 和机构中许多同事一样，从项目最开始就为这个项目工作。“当这个团队被组建起来后”，他回忆说，“我们就一起坐下来讨论怎样执行完成这个项目——这个被两个国家赋予的任务。我们讨论目标是什么，结果是什么，需要什么样的组织架构来达到这些目标等。”

从这些早期会议中，他说，得出的结论是：只有一种方式来管理项目，那就是目标管理。这意味着在实际操作中需要给

* 业主的隧道和疏浚与填海合同总监。

** 业主项目行政总监。

每个人都设定一个特定的目标，每个人自己决定达到目标的方法，而每个人的责任就是必须保证达到自己的目标要求。

业主的工作方法不是设定目标后，就只坐等其成，虽然这是大多数标准合同普遍采用的方法。而本项目管理的角色，业主认为还需要监控过程且帮助去达到目标，这一点非常关键和重要。

按照业主项目行政总监 Ingmar Bjӧrnsson 的说法，这个方法不但用于业主内部管理自己的员工，同时也用于管理业主与建设本项目的承包人的关系上。

方法的核心就是业主绝对需要对项目有全面彻底的了解，以及具有在相互信任、公开、和真诚交流氛围下工作的激情。

业主的员工不得不去学习这种项目管理如何执行，“我们不得不去进行非常细节的讨论，进行一些案例全过程分析直到我们能够完全理解是怎样应用的”，他说。

Claus Iversen* 相信，这种业主自有独特的管理原则使每个管理者都有一个清晰的目标和原则去工作，同时可以用自己的方式带有自由度去管理。事实也证明了业主许多的高级管理人员在技术上和职业上的称职胜任，对项目非常重要。

Erik Kevan** 也有同感：我们这样的业主必须具有经验、智慧、必须成熟稳重，而且理解承包人也需要被尊重和信任，知道承包人是在做一件正确的事，即使是采用他们自己的模式和方法。“我们不能有 25 岁的人在我们的管理团队，尽管最年轻的工程师才刚过 30 岁，而最年轻的经理也非常有活力，才 36 岁”，ErikKevan 披露。“虽然不是必须都要有灰白头发的人，我们的高层管理者都是 50 多岁，任何一个人随便都有超过 20 年的相关经验”，他边说边笑起来。

组建业主团队时，对组成人员不同经历的平衡也经过了细致的考虑，Erik Kevan 非常看重这一点并认为是项目重要的成

* 业主疏浚与填海合同项目经理。

** 业主桥梁施工经理。

功因素。他相信业主如果全部由来自承包人公司的人组成，那会是一个噩梦；如果全部由来自咨询公司的人组成，或全部由只有业主经验的人组成也是一样。业主桥梁施工经理 Erik Kevan 厌恶官僚主义，总是以自己有 20 多年承包人工作经验为荣，他欣赏咨询单位系统设计的控制能力、图纸的控制能力和文件的管理能力，他认为承包人的技能主要在于管理人，通过和明智的老板一起工作，业主也能够积极主动。

但是业主的有经验和积极主动的不利之处就是要克服总是想去告诉承包人做什么、怎样做的欲望。“一件事情往往有超过一种方法去做成”，Erik Kevan 说，“如果工地采用的方法不是我自己中意或喜欢的，我就要学会管住我的嘴，这往往很难做到”。

但是业主管理层坚信业主团队成员必须拥有专业技能和知识才能完成业主制定的目标。“这种团队组成可能有点上重下轻，但也意味着你可以控制到整个项目，而且能够给承包人提供到支持”，业主项目行政总监 Ingmar Björnsson 说。例如业主的计划部门可以超前预测计划的进行，可以提前 6 个月或 1 年发现将可能发生的问题，然后可以警告或提醒承包人在早期关注这些问题。

3.3 咨询公司的新角色

本项目管理理念的创新和它的应用方法，在实践中的反映就是所有参与方都需要花一些时间来适应和习惯这种新的工作方法。很显然随着时间的推移，这也在转变着一些角色及机构的设置。

不但业主员工，所有合同参与方的员工都要进行项目管理培训，业主项目行政总监 Ingmar Björnsson 回忆说。在项目早期，业主方的咨询单位采用传统方式作为独立机构工作，按照要求提供支持和建议。但是因为业主本身具备技术力量进行决策，就出现了业主与咨询公司角色相混淆的情况。结果，经过18个月，

图 3-1　桥梁施工现场

咨询公司的人员全部融入业主团队的中层管理队伍中，唯一的区别就是给他们付钱的方式不同。这样角色清晰后，也解决了承包人应该和谁联络的迷惑。

“当项目施工开始时，我们第一次感觉到了业主管理理念的效果”，Klaus Falbe-Hansen* 说。这时，业主建议咨询公司搬到业主办公室作为一个团队工作，Klaus Falbe-Hansen 将其描述为是一种“被迫”的搬迁，虽然他也“认可”，但他承认当时的感觉是有一定的犹豫和一些焦虑的。“搬迁工作甚至在设计与施工总承包投标评标过程中就开始了”，他解释说，“我不

* 桥梁咨询团队（ASO）项目总监。

得不承认我们那时有点怀疑这种方法是否可行，这种整合在一起团队工作的方式我以前没有尝试过”。

桥梁咨询团队（ASO）甚至建议了其他替代方式，他说，因为他们担心会失去独立性。“但这在后来没有发生过”，他宽慰地说。“事实上，咨询公司与非常智慧的业主之间建立了很棒的合作关系，你可以引用我说的这些话！”

在这种方式下，Klaus Falbe-Hansen说，业主实际上就成为了工程师，需要时从ASO专家那获取知识和经验。“因为业主负责进度和付款，所以他们就应该对所有事情负责”，Klaus Falbe-Hansen说。ASO的职责变得更多地与永久工程施工质量相关。在工程开始时ASO团队因为感到担心而自己建立了一个核心管理团队独立于业主机构，但仍在业主办公室工作。这让ASO保留了可接受程度的独立性，这个核心管理团队是对与业主整合在一起的施工监控团队的补充，向自己的经理汇报，只是某种程度上变成业主成员。“如果你不管进度不管钱，你就失去了影响力”，Klaus Falbe-Hansen说。

业主桥梁施工经理Erik Kevan提醒在这种积极主动的管理理念下，咨询公司不能像通常那样“卖小时数”工作。“按时完成项目的解答不是一个只包含一定人头数或者一定数量金钱的公式；如果完成任何一个事情在业主机构中都要先计算需要的人数和完成的小时数”，他说，“那么承包人就绝对清楚地知道，施工过程中如果不断碰到小问题，他们根本无法从业主这边获得真正的帮助，因为就像传统施工图设计合同中一样承包人需要不断提出质询”。

这些话题业主都在早期与承包人的研讨会上进行了解释澄清。“我们虽然也是深入参与项目，但是如果我们被一些细枝末节问题羁绊，我们就永远无法通盘总体地掌控项目”，Erik Kevan说。他继续说，业主在招标过程的早期把这样的思想进行强调非常重要，让承包人意识到他们将来必须准备好能够自己负责详细解答所有问题。另外，保证让承包人事先清晰理解这

图 3–2　桥梁施工现场

个思想也非常重要，这样他们在报价中能够相应反映。

在这个聪明和积极主动的业主采用的设计和施工总承包合同的新管理思路下，咨询公司在本项目中的合同可能是最差的一桩生意。“但是一个强大的咨询公司始终是承包人的强大需求，尽管关系与传统的角色相反，” Leif Sjøgren* 认为。如果有了一个共同的目标，“相互信任和合作”就没有理由不能成功。有一点可以肯定的是，在这种模式下，咨询公司不可能再像以前那样，和一个没有什么经验和技术的业主签了合同后，就能够依赖咨询单位的“荣誉或光环”工作了。

“与大贝尔特项目相比，很显然，那时的错误在现在将得到改进”，Lars Carlsen** 说，“一般情况下，业主的咨询单位喜

* 业主桥梁合同行政经理。

** 疏浚与填海承包人联合体（ÖMJV）项目总监。

欢在项目上‘做上标记’来证明他们的存在，所以在提交等待批复的总体设计和质量计划等文件上会提出很多的意见，”Lars Carlsen 解释说。业主收到这样的意见又很难回避不管。“经过这次咨询单位和业主进行整合后，这些意见的数量就少多了”，他声称。

咨询公司同意：特别对于设计和施工总承包合同，采用这样的项目管理，咨询公司的工作任务大概都会减少，尤其是到了施工监理中。“工作可能是少了”，Carsten Uttenthal* 说，“但是工作更有意思，而且咨询单位也有机会为承包人工作”。

他相信业主和咨询单位整合成为一个团队后，减少了相互困惑以及承包人和业主、咨询单位互玩游戏的机会。

业主疏浚与填海合同项目经理 Claus Iversen 同意这种整合后对咨询公司不利的一面可能就是其角色毫无疑问变得非常小了，但是他也认为与承包人获得更多成效的事实相比是完全值得的，因为咨询费用相比施工费用根本不值一提，是承包人实际建设这个项目，他们获得了巨大的自由并用最有效的方式来采用自己的施工方案和预制工厂，从而项目获益最大。

“传统保守的咨询公司的方式在以前这样的项目中占主导地位已经很长时间了，也许这个项目是时候让承包人革命了，虽然刚开始一些承包人还很犹豫来承担领头人的角色”，Claus Iversen 说。差不多花费了一年的时间承包人才完全理解他们这个新角色的优势和好处，也意识到这些好处的背后跟着相应分量的责任和风险必须去面对和进行有效的管理。“一次又一次，承包人显然想引导业主来牵头做决策”，Claus Iversen 声称。承包人对新角色的意识改变很缓慢，就像父母和少年的例子，一方面少年想被大家看作成年人，但是他还不能把握好责任；另一方面父母又有放任的困难。“业主也经历了一个艰难的学习曲线过程，例如不能在事情看起来要变坏时马上就去介入”，Claus Iversen 说。

---

* 疏浚与填海和隧道咨询联合体（ØLC）成员 Ramboll 公司总裁。

3.4 和承包人建立信任

业主非常希望和承包人建立一种合作关系，远远超过仅是签合同、付款、争议索赔之类的关系，所以业主将对承包人的承诺放在高级别的工作清单中予以优先考虑。业主希望从一开始就让承包人清楚，他们将被赋予自由度而更加有效地工作，业主也承认承包人要赚钱是他们很重要的一个目的。反过来，业主要求承包人对待业主也是一个公开、坦诚的工作关系，对待问题是积极努力去解决而不是把问题转变成争议。

像这样规模的合同，通常业主都把承包人看成是敌对的，Claus Dynesen* 说，业主总认为承包人只是想尽办法在项目上赚钱。本业主的管理理念和思想就是从一开始双方就合作，使双方的利益能够最大化而达到共赢的目的，“如果一开始我们就斗争，双方都将输”，Claus Dynesen 预测。

共赢的目的有吸引力，所有参与方都支持。刚开始时承包人带有一定的怀疑，很难相信业主会有这么开明的立场，甚至那些对业主意图充满信心的人，也有些迟疑是否可以相信业主能在整个合同过程中都保持这样的态度。

业主意识到与承包人建立信任关系不是一个快速的过程。早期，业主组织一些和承包人的研讨会来全力灌输业主的理念，让承包人有所心理准备，告诉大家一个信息就是这个项目有多么不同。“我们看起来像学校老师一样，但是我认为承包人感激这些，我们和承包人中所有的管理层谈话交流，从领班到高级管理层”，业主桥梁施工经理 Erik Kevan 记得。“这也为其他的管理工作打下基础，如果你从承包人提出的大量问题中去看，就可以知道业主的这些工作是非常有用的”，他说。业主通过这些研讨会给承包人提供对项目将来工作的指导，因为所有承包人马上都需要承担很多不熟悉的责任。“同时我们也不得不小心谨慎不要太快太直接，这种方式是有名的瑞典人的特

* 业主环境和政府部门项目总监。

质。我们清楚虽然必须和承包人紧密地工作，就像伙伴一样，但我们和承包人在项目中的角色完全不同”，Erik Kevan补充到。

业主喜欢称自己为承包人的伙伴，如果理解成合同的伙伴就误解了。“我们是比喻性的伙伴，因为我们分享更多共同的平台而不是拥有更多的矛盾”，Erik Kevan 解释。

在投标阶段早期，业主采用了一些不同的手段和方法来建立相互信任。第一个目标就是让承包人认识业主，毕竟他们是为这个项目新设的业主，没有以前的任何事情来帮助承包人判断和认识这是个什么样的业主。标前会议上，承包人可以提出任何他们想了解的合同方面的问题。这个方法应用于所有的合同，因为相同的一个承包人可能投几个合同标，这些前期工作为建立信心的过程打下了基础。很显然合同的时间跨度也促进了关系的培养，方案的复杂性也意味着承包人联合体觉得从业主处获得技术支持是必要的。

“我们不去试图成为比承包人更聪明的人”，业主项目行政总监 Ingmar Björnsson 声称，“因为得不偿失。当一个关系要维系 5~10 年时，你不能采用这种态度。”

桥梁咨询团队（ASO）项目总监 Klaus Falbe-Hansen 估计，“差不多在合同开始的前 6 个月，承包人开始意识到这种工作方式，业主必须相信承包人，承包人必须要把这种信息从上到下传达到所有员工。业主高层管理人员必须要忠诚并致力于按照这种理念来工作”。

正如预期，业主很花了一些时间才能让承包人感觉这个业主是可以信任的;“开始时为了建立好关系我们浪费了很多时间，因为承包人在测试我们，试图找到我们的弱点”，Steen Lykke 说，“但是我不认为还有任何其他替代方案”。

Søren Langvad * 回想起，从一开始，承包人就被告知管理将采用“一种积极的方式”。通过这种方式，他解释说，我们很清楚，业主希望工程进行过程中出现的问题是被放在台面上讨论然后

* 隧道承包人联合体（ØTC）成员 E Pihl & Son 公司执行董事。

做决策。“业主不想将问题压在地毯下面，逐步变糟、被忽略、直到最后变成大问题而让人去犯错误，”Søren Langvad 用一种形象的比喻手法解释说。“业主认为问题应该被公开、讨论和解决”，他补充。

“业主的这些话就像耳边听到甜美的音乐一样”，Søren Langvad 回忆。“作为承包人，我们必须要做决策，实际上有时做一个坏的决策比任何决策都不做要更好，否则你将遭受时间延误的压力。成功的人是能够把握好时间进度的人”。

一方面业主把自己的理念当成一个目标，另一方面要把它应用在现实世界中。这个业主能成功吗？隧道承包人的执行董事 Søren Langvad 相信，要把这个方法应用好，高度依赖于参与的人，正确的人在参与和执行中至关重要。“这个项目已经证明了是可能的”，他很坚定地说。

“业主从来没有采取反对立场或袖手旁观来阻碍或限制我们的决策”，Søren Langvad 声称。“业主总是对出现的问题给出他们的意见和决策给予参考，不像其他业主只会躲在一旁，把所有的问题都丢给承包人。对这个业主来说推卸自己的责任而把所有的责怪和批评都推给承包人也是很容易的事情”。

Mats Williamsson* 说，事后他还可以想到很多很多桥梁施工管理上仍然可以提高的方面，但是他补充说桥梁承包人联合体（Sundlink）和业主的关系非常好，他把这归功于业主团队一定的人格，特别是业主早期组织的会议和达成的一致意见。

3.5 挑选特定部门的人参与团队

虽然监督管理机构必须保持独立、维持对项目公正的态度，但业主已经意识到及早和他们沟通和咨询是非常有益的。比如两个国家的铁路部门都有各自的规定和要求，都必须被满足，如果设计过程请相关两个国家机构的代表作为咨询单位人员，相关程序就可以快速容易得到批复。

---

* 桥梁承包人联合体（Sundlink）的项目总监。

当瑞典、丹麦两个国家刚刚开始讨论要建设一条铁路连接线时，两国的铁路专家坐下来一起撰写各自的最低铁路需求，两份文件融合后就形成“蓝皮规格书”。业主的咨询单位以这个文件为基础草拟总体设计文件，放在招标文件中一起发给承包人。中标承包人再按此进行施工图设计，此施工图设计需要获得两国铁路部门的有效批准。如果相关部门认为承包人的施工图设计在某些部分不够，则必须进行修改，Torben Kronstam* 说。在这种方式下，铁路合同与业主发出的其他合同都不同，给予承包人的设计自由度非常有限。

“业主的项目管理理念对丹麦国家铁路部门没有直接的影响，因为我们并不参与项目的建设”，Torben Kronstam 说。但是他和其他丹麦国家铁路管理局（DNRA）的代表，与业主员工、本项目铁路承包人之一（Banverket**）的人员以及 DNRA 中瑞典部门的人员一起参与服务这个项目的指导委员会。没有一流合作的项目管理理念和指导委员会成员之间的头脑风暴，他说，这个项目的铁路根本不可能在 2000 年 7 月 1 日通车。“当时存在非常多的问题”，他回忆说，“例如将来项目的拥有权问题：基础设施是由业主拥有还是丹麦和瑞典铁路部门拥有。”很显然，这个指导委员会不可能解决这个问题，但是提出很多解决方案，从而让政治家们做最后的决策。

三方包括 DNRA、业主和瑞典铁路基础设施管理局（Banverket）之间的合作非常出色，尽管他们之间的关系又非常不寻常，Torben Kronstam 解释说。一方面 DNRA 和 Banverket 是在业主机构之上的权威机构，另一方面他们之间又有业主和用户的关系，因为 DNRA 和 Banverket 是通道的业主将来的用户。

铁路设计团队中包括丹麦铁路部门、和对等的瑞典铁路部门的代表，再加上两个 ØLC（隧道和疏浚与填海咨询联合体）派出的人员。这种让权威部门的人员参与设计的方法，目的在

* 丹麦国家铁路局负责人。

** 译者补充解释：瑞典铁路基础设施管理局，国家机构。

于从一开始就可以让设计满足到相关要求的标准，从而加速批复过程。

3.6 保持合作的团队

建立起一个积极主动、具有丰富经验的团队后，业主开始向所有团队成员宣贯这个项目新的管理理念和它的应用方法。业主非常清楚如果员工流动过度会带来问题：经验的失去、更多的时间培训新员工、人员变动带来的工作中断和交接、可能带来的工期延误等。这些后果都不得不让业主尽最大力量将员工保留在团队里，目标不仅是让整个项目过程中员工的流动量最小，同时要让员工持续工作一直到项目结束。

人力资源部经理 Bengt Anderberg 是 1995 年招聘的，当时业主决定共招收 150 名员工。

Bengt Anderberg 的一个主要任务就是要保留招聘的员工一

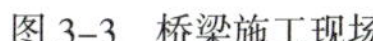

图 3-3　桥梁施工现场

直工作到项目结束，他设法设立了 2000 年 7 月 1 日竣工通车时的员工奖励计划——“P2000 计划”。Bengt Anderberg 已经习惯于在面试员工时询问员工的未来规划，同样这个责任也被赋予业主的 15~20 个技术经理。在面试时他们需要了解员工为此项目工作的潜在动力，员工将被问到为什么愿意到这个项目服务有限的年限而不是到其他地方找一个“终身的工作”。另外，Bengt Anderberg 最看中的是要了解项目结束阶段当员工们工作不饱满时，他们特别担心的是什么？

很多员工从来没有经历过失业，担心这种有限工作期限的工作对自己的影响，所以业主预计到员工在离合同期还有很长的时间可能就已经在考虑寻找新的工作机会。为了避免这个，Bengt Anderberg 和技术经理们一起坐下来计算每一个员工工作的最后一天。“我们能够提前 1 年半告诉每一个人最后一天工作的日期，”他声称，“我们保证如果他们工作到最后一天他们可以获得的奖金，经过计算可以覆盖大约半年可能的失业费用。”同时还提供培训、再学习和再教育机会。Bengt Anderberg 还记得工程技术总监 Peter Lundhus 说，他从来没有在一个项目中待到结束，由于一些大家都很显然知道的原因，比如后期工作不饱满、担心失业、有更好的职位等待自己等，Bengt Anderberg 让他自己知道这些就行了，而不要向员工们宣传。

当需要招聘管理职位时，他说，业主的政策就是把这个职位视为一个新责任。这也让他发现一个事实，大多数员工都愿意去承担更大的挑战；虽然 Anderberg 没有和承包人有直接交往，但他在和承包人交谈承包人中是否有合适的员工可挑选时，尤其是在挑选为将来通道运营工作的员工时也发现这个事实。Anderberg 相信本项目建立的人力资源策略和其他项目不一样，因为有两个国家介入，也让项目的职位更具吸引力。

“两国都参与管理的方法（也就是每个国家设立一个总经理和一个办公室）仅一年后就失败了，因为这两个国家的管理机构不能平等分享责任和风险”，Bengt Anderberg 解释说。

最后两个办公室全部撤销，只选择了哥本哈根办公室作为一个业主总部，同时从瑞典连接线业主单位（Svedab）招聘了 Sven Landelius 作为业主首席执行官总负责。

4 合同构建

4.1 简介

建立基本原则对构建项目合同模式至关重要，从而为构建合同提供框架。本项目设立的首要原则就是设计应尽可能地由承包人来完成，这个决定从项目一开始就成为贯穿全部的中心原则。本合同不可能严格地定义为完全的设计与施工总承包合同，因为一些设计参数，例如桥梁的主要尺寸和形式，已经由两国政府认可同意而不能由承包人改变，但是业主决定将尽可能多的设计工作和责任转移给承包人。业主非常清楚给予承包人这些自由的好处，承包人可以按照自身擅长的施工技能和施工方案去选择相适应的设计。

第二个原则就是每一个合同设立自我认证制度。工程技术总监 Peter Lundhus 解释说，“我们宁愿管理过程而不是去管理细枝末节。项目太大了有太多细枝末节的问题，我们不可能都去处理”。

第三个原则就是在设计与施工总承包合同模式下按照里程碑付款，围绕里程碑建立付款计划，相比工程量清单付款系统，可减少争议的发生。每一个里程碑都进行了清晰的定义，付款之前必须完成全部里程碑工作，不可能存在部分完成的情况进行付款。

合同最重要的原则方面还是如何辨识风险和管理风险的方法。业主认为任何一方都不应该被指定去承担其不能控制的风险，至少在一定程度上不能控制的风险。尽管如此，业主方还是要承担所有与天气和地质条件相关的风险。这个特殊的话题将在本章节后面的内容中给予详细的介绍。

4.2 选择合同模版

建立合同的原则后，业主需要决定是采用标准合同还是特别为这个项目拟定新的合同。

Leif Sjøgren* 和很多其他业主成员一样都曾参加过大贝尔特项目，与本项目规模和复杂程度类似。Leif Sjøgren 回忆说，大贝尔特项目的合同形式不同，支付也是按照工程量清单方式执行的。

Leif Sjøgren 为这次采访特别带来了一本英国土木工程协会的《新工程设计和施工合同（NEC）》，这本合同在 1993 年首次出版，业界出版此书的目的就是为了减少传统合同所带来的索赔，同时避免普遍发生的雇主和承包人的对抗性。1995 年版 NEC 将“雇主、承包人、项目经理和监理应该互相信任和合作”作为核心条款写到合同中。

虽然这也是本业主极力推崇的原则，但 Leif Sjøgren 和许多其他同事有一种相同的感觉，就是这句话没有足够的理由要被写入合同中。“这句话是一种本来就应该的存在方式”，他说，甚至当处理索赔或者非常困难的挑战时也是。各方都要一致同意采用信任和合作的精神，但这些话却很容易被不同的人翻译成不同的意思。

Ingmar Björnsson** 相信：在一个相互信任的环境中工作的目标并不是能够被写入合同的事情，特别是我们需要和来自世界各国的承包人一起工作，每个承包人可能对“坦诚交流”都有不同的理解。而且，有一些承包人可能还从来没有碰到过可以信任的业主，他们表示的对这句话的怀疑是可以理解的。“最后我们只能靠实际案例来牵头证明”，Ingmar Björnsson 说。

通用合同条件考虑采用一些现有合同模式作为基础，比如

* 业主桥梁合同行政经理。

** 业主项目行政总监。

图 4-1　预制厂模板

菲迪克（FIDIC）标准合同模式（由国际咨询工程师联合会出版的合同模式）或者瑞典有名的 AB92 标准合同条件。但这些合同都需要经过大量的修改才能适应本工程的需要，最后业主决定自己草拟新的合同。

招标阶段业主和咨询单位都非常期待知道承包人对合同条件的反应。Klaus Falbe-Hansen* 解释说，“通用条件既不是基于菲迪克条款，也不是 ICE 或类似合同，而是专门针对这个项目，由业主聘用的律师撰写的”。

“我们担心国际承包人会对这个合同有过大的反应，因为我们能够想象有很多资格条件被写进了招标文件。”但担心的事情实际上并没有发生。“合同条件没有发生争议”，他说。

另外，一个没有具体到合同中的担心就是承包人可能会“带案投标”，尽管合同是基于业主咨询联合体（ASO）草拟的设计

* 桥梁咨询团队（ASO）项目总监。

方案上的施工图设计与施工总承包合同。Klaus Falbe-Hansen 坦诚地承认要业主忽视承包人不会准备替代方案是非常困难的，特别是如果能够减小造价的情况下。但是他又补充说：“承包人最后并没有提出替代方案，反而紧密按照我们定义的图纸，把时间和精力集中在施工方法和细化施工图设计来满足这些施工方法上”。

业主合同文件中描述了业主的责任，没有提及的都是承包人的责任，承包人也就必须承担责任中相应的风险。而传统标准合同，一般都把承包人的义务和责任罗列在合同文件中，没有提到的就都是业主的责任。

即使经过了这么小心翼翼的考虑，真正的合同测试和验证还是要在执行过程中才能体现，第一个开始实施的是疏浚和填海合同。

图 4-2　预制厂模板

Steen Lykke* 解释说："总体上这是一个很难的合同，包含很多风险和不确定性，特别是在地质条件方面。早期我们和承包人有很多关于索赔方面的讨论，这也给我们提供了很多测试合同的机会。合同中有些部分如果有机会重新编制，我会进行修改。但我要说总体上合同执行得非常好"。

等工程完工后再发表后见之明的话，Steen Lykke 说，尽管从一开始大家都已经意识到接口是潜在的问题区域，如果重新来过他还是会再次强调把更多的精力放在不同合同的界面接口工作上。"有一些工作比如土木工程和机电工程的接口，几乎不太可能避免两个合同打架的问题，从而也就变成了业主的责任"。

当接口出现问题需要变更时，每一个承包人毫无疑问都会指向对方承包人的工程进行改变，而不是自己部分的。解决这个问题的办法，Steen Lykke 说，就是两个承包人都坐下来讨论解决方案。

4.3 合同的自由度、创造性的发挥

合同是采用"设计与施工总承包"形式制定的，也就是业主提供给承包人所想要的 "形象图片"，指出哪些内容是需要承包人去填充的。初始的"图片"是按照两国政府同意认可的内容来制定的，而且是绝对不可更改的，其他内容承包人都可以自己决定。"例如：我们会说需要一条从点 A 到点 B 的隧道，规定能够容纳的交通量和需要承受的荷载等基本要求，但我们不会规定隧道墙体的厚度"，业主项目行政总监 Ingmar Björnsson 解释说。

Dan-Erik Hansson** 认为这个合同达到了设计与施工总承包招标合同的一个极限，仅定义了基本要求，如安全、交通量、火灾和公安部门的要求。"例如交通控制要求必须能够监控到停车，

---

* 业主的隧道和疏浚与填海合同总监。

** 业主的铁路和岸到岸安装工程合同总监。

图 4-3　疏浚合同首先启动

但是在路面沥青中不能放置环形探测器，这样就要安装众多的视频摄像头，大量拍摄照片用于分析”，他说。

“业主总是让投标人努力去思考最适合他们自己的解决办法”，他说。Dan-Erik Hansson 给了另一个例子是铁路系统。两个国家虽然都采用相同的轨距但铁路规范要求却完全不同，业主并没有规定每个投标人应该怎样去解决这个问题，而是要求投标人在提供的方案中要考虑两国的边界问题和不同的法律法规问题。业主认为通过这种方式能够把业主和承包人的责任界

图 4-4 疏浚合同首先启动

限进行清晰的定义。

通道全线最后采用了瑞典的轨道和铁路线上方的供电接触网形式，边界设在丹麦领土上，但采用了丹麦的 25kV 电源。

Dan-Erik Hansson 说："我们完全由承包人决定如何证明给业主提供了一个可以运营的铁路即可。"

他承认项目各个机构的人员尤其是丹麦的人员很花了一些时间才能调整适应这种新的工作方式，业主的人员原来已经习惯了在项目中教承包人做什么，承包人也习惯了被给予准确的指导或命令。"机电承包人，已经习惯于详细的规格书，花了很长一些时间才明白他们原来还承担了对设计工作的控制，这是原来从来没有过的"，Dan-Erik Hansson 说。

最终，设计与施工总承包的这个合同给业主带来了非常大的不同结果，Søren Langvad* 相信，这是因为承包人的真正兴趣就是要使设计方案的造价低。"如果是设计和施工分开的传统

* 隧道承包人联合体（ØTC）成员 E Pihl & Sons 公司的执行董事。

合同，承包人就没有空间贡献他们的智慧，而只是简单地按图施工，按施工付款。但是用设计与施工总承包合同，承包人就要动脑筋把造价尽量降低。”虽然承包人公司 Pihl 也在其他设计与施工总承包合同项目中工作过，但是这个项目是他们迄今为止经历过的将责任转移给承包人的幅度最大的一个。

Erik Kevan* 解释说：业主虽然花了很多精力来草拟合同、招标和谈判，但业主对变更也持开放的态度。不仅针对因节约工期或节约造价引起的变更，也应用于为了更好的质量、更高效或者劳动工人的更满意而引起的变更。“我们的质量计划不是打印在干燥纸张上静止的证明书，而是活的文件，也许墨水还没有干就变了”，他说。很显然，这是最适合本项目管理方法的一个反映。

Lars Carlsen** 是厄勒海峡通道疏浚与填海承包人联合体（ÖMJV）设计团队的主管，他说他曾决心要保证设计进行优化后来适应施工方案。他相信设计与施工总承包的项目方案经过了三次设计审查后已经准备得非常充分：第一次是业主的咨询，然后是投标阶段审查，第三次是施工图设计的详细审查。

Lars Carlsen 相信业主取得成功的部分原因是因为他们在投标预审和评标中采用的基本原则，另外，他认为业主不完全被合同框死的理念也发挥了很大作用。如果坚持合同的每一点，他解释说，毫无疑问将导致对合同条款解释的争议，各方都会坚持自己的理解是正确的。他特别指出，业主的高级管理层很善于把握好合同文字背后隐藏的理由：最底线要求简单地说就是按时并在预算内完成通道建设。

4.4 风险和责任

厄勒海峡通道合同中最重要的方面之一就是定义和分配风险的条款。与其让承包人将来去面对风险，不如业主提前先预

* 业主桥梁施工经理。

** 疏浚与填海承包人联合体（ÖMJV）项目总监。

测风险。因此业主对施工阶段风险共担进行了非常小心谨慎的考虑。举例说明：天气条件对项目进度影响非常重要，是一个主要风险，但是恶劣的冬季气候条件又很常见，业主就提前告知承包人由于温度、风、水流和雾等天气原因允许停工的时间，承包人要在投标中预留这部分费用，因此所有的投标团队针对天气风险都在同一个基础上进行投标。

承包人并非没有风险，他们的风险都被量化了。工程技术总监 Peter Lundhus 解释说，“如果业主不做这些工作，接受了最低报价的投标书，就只是简单地把这项工作给到最乐观的那个承包人手里”。

另外一个主要风险就是不可预见的地质条件，业主也采用同样的方法应对。在招标文件的参考条件中，特别是疏浚合同中，对下卧岩土层参数进行了数值定义：强度和变形，透射率和穿越声速。业主规定的参数值只有 10%的概率可能被超出，所以实际上，大多数的风险还是分担给了承包人。采用这种方法使将来任何的争议都可以很容易通过比较这些已经量化的数值来解决。

“业主希望承包人只控制他们有经验控制的内容，也就是设计、施工和进度计划”，Jarn Schauby* 说并补充道：即使是采购，如果承包人不能控制货币转换汇率或者通货膨胀，则由业主来承担这些风险。

一些承包人的投标价很低，因为他们已经习惯了传统合同管理的运作，每一个可以想到的问题都可以变成索赔。Jarn Schauby 说，他们习惯了可以不完全按照原来的方案、设计和计划执行，因为整个合同期间，许多事情都会变化，施工中会出现很多新的概念。“但仅因为承包人在施工过程中的想法变化，并不意味着业主要被这些一时头脑发热的举动绑架并支付费用，因为这些想法不是计划之内而且需要付出更高的代价”，Jarn Schauby 说。这也是为什么，他说，业主坚持在投标中承包人需

* 业主的主要分析员。

要采用成熟被检验过的方法。

ÖMJV 项目总监 Lars Carlsen 感觉，如果接受业主关于疏浚合同控制 5%溢流量的奖励条件将是一个未知的风险，这是一个以前没有碰到过的高标准，与业主坚持采用成熟的方法和技术相矛盾。联合体（ÖMJV）可以提供的唯一的案例证明就是通过测量说明他们的一些设备溢流为 9%，这样必须改造这些设备或者改变工作程序。ÖMJV 相信他们其他的一些设备可能达到一个 3%的低溢流率，但不一定能保证。另一方面，联合体也有报告指明在大贝尔特项目中一个操作就可以监测到溢流达到 20%。在投标过程中，他们只能用这些部分“被试过和被检验过”的方法来投标本项目的溢流量奖励政策，也就是意味着溢流量超过 5%时要停工。

实际上在施工很少的冬季可以提高一些日溢流量和周溢流量的极限值，但这并不能对总体溢流量不超过 5%的要求提供多少帮助。Lars Carlsen 知道，所有这些要求都必须整合到一个质量保证计划当中，包括平行的随机检测，以及业主的大量检验工作。“虽然我们也不得不停工过几次，但一方面归功于我们对设备的改造，另一方面可能是靠运气，我们最终达到只有 4.2%的溢流量并拿到了 4900 万丹麦克朗（约合 6125 万元人民币）奖励”，Lars Carlsen 承认。如果没有运气同时伴随着他们，经常的停工将造成延期完工。

Örjan Larsson* 说，总价合同的风险已经被清楚地定义，尽管现在事后回头再看，可以进一步改进所有的事情。“在已经清楚定义的地质、水流、温度和风的参数下，业主给予承包人机会对所有风险进行报价。”超出这些参数限值的风险都由业主承担，他举例说，比如基础深度超过一定的数值等。

通过帮助承包人知晓他们责任的限度和大小，可以从技术上、合同上，而且从应对繁冗复杂的体制上节约很多的时间和金钱，这是一个双赢的事情。“在很多项目中都可以看到承

* 业主桥梁合同总监。

图 4-5　丹麦侧岸上段施工现场

包人把索赔当成赚钱的一个手段”，Örjan Larsson 说。Örjan Larsson 早期在和承包人合同部长的谈判对话中，就向他们指出无休止的索赔具有多么大的危害性，同时向他们强调在本项目中按时按预算完成工程可能更赚钱。

并不是所有的承包人都满意业主的条款；据 Ebbe Malte Iversen* 说：场地勘察给出的限值太高，尽管他承认可能只有他一个人持有这种观点。ÖMJV 发现他们正在接受一个感觉心里没有把握的风险。“最硬的现场勘察钻孔土样硬度比合同规定的硬度限值还低，只是低于钻爆挖土硬度的限值而已”，Ebbe Marlte Iversen 说。虽然他们可以报一个更高的价来降低风险，但那也意味着可能失标，所以这是个赌博。“这是项目的瓶颈，如果我们不得不采用钻爆法来开挖基槽，对这个项目的成功也是个非常大的考验，因为隧道基槽是整个通道最大风险的部分，业主都知道”。Ebbe Malte Iversen 说，“它甚至可能变成一个灾难”。

Teddy Jacobsen** 认为承包人总体来说满意合同赋予的权责，他欣赏业主将设计和施工的责任转移给承包人的做法。他同时也坚持，业主事前清楚地告知了承包人，不希望中标联合体反过头来给业主一大堆问题清单，业主相信一个有经验的承包人应该可以在他们内部都解决这些问题。他认为，以前传统合同的工程量清单系统只会引起承包人在做项目计划时更不细心，在本项目中业主也花了很多时间来思考和计划自己要完成的工作，自己应该怎样来承担风险，怎样来处理问题，怎样来招聘一个核心团队，从而成为一个最好的业主。

1994 年，ÖMJV 各成员签订了标前协议，标书于当年底提交。ÖMJV 成员 Per Aarsleff 公司的总经理 Ebbe Malte Iversen 回忆说，联合体于第二年春天知道他们中标，但是直到 1995 年的 7 月才签订合同。“我们在 1994 年的秋天经历了一个投标方案讨论过程，我们努力找出最‘好’的解决方案”。与大贝尔特项目不同的是，

* 疏浚与填海承包人联合体（ÖMJV）成员 Per Aarsleff 公司的总经理。

** 业主的首席财务官。

这个项目业主不插手设计和施工的合同理念给我们 ÖMJV 联合体提供了设计创新的自由。

“这种设计与施工总承包合同对丹麦来说是一个新的模式，对瑞典来说也不常见”，Ebbe Malte Iversen 说。80%的工作必须在 5 年合同的头两年完成。Per Aarlsleff 公司和 Ballast Nedam 疏浚公司曾经一起合作在大贝尔特项目的西桥工作。“总体而言，我们在这个项目和在大贝尔特项目承担的风险一样多，但是这里给出了更清楚的定义，所以我们可以成功地应对这些风险”，Ebbe MalteIversen 说。签订合同前，ÖMJV 对可以获得的地质勘察信息进行了大量的研究，包括研究钻孔图，加上业主提供的

图 4-6 海中人工岛施工场地

早期完成的地理模型的数据库信息。另外，对于天气气候条件，业主也提供了疏浚的地质参考条件和填海材料参考条件。

联合体很快找出了疏浚工程两个大的风险。一个风险是隧道基槽疏浚，很显然这是在关键线路上的一个风险。这个风险影响到 ÖMJV 的全部工作，基础条件不清楚，结构工程就无法开始。风险主要取决于石灰岩中夹杂的燧石层的硬度连续性。“业主总是尽可能采用积极主动的态度，他们专门安排了一次去燧石矿的考察，很显然业主花费很多精力向所有的投标人展示将来要面对的难点”， Ebbe Malte Iversen 说。

第二个风险是疏浚物是否足够用于人工岛的结构填筑。“如果疏浚物太软而不能用于结构填筑，业主将“免费”提供承包人 Krieger 地区高质量的砂，但是不免运输费，地点离通道南边 80km”，Clause Iversen* 说。人工岛的结构部分需要高质量的填筑材料，而护岸则可以用较软较差一些的疏浚材料。

项目所有参与承包人都认为风险分配中维护一个合理的平衡，是合同考虑至关重要的方面。他们告诫说，如果一个业主想要一个合理的合同价，他必须在风险平衡上给予足够的考虑，从而才可以有公平的风险分配。

Mats Williamsson** 声称，本项目中承包人承担的风险是最大的。“承包人差不多承担所有的风险，当我们把风险评估写入标书并相应报了价，我们知道这是事实”，他说。他相信业主如果不这样做也许造价会更低，但是他也不否认在项目管理协助上，业主通过分享他们的经验和前瞻性来分担了风险。

隧道承包人联合体成员 E Pihl & Sons 执行董事 Søren Langvad 同意应该邀请承包人来分担风险，但是提示说，移交给承包人的风险程度应是有限度的。Søren Langvad 举例，在这个合同中，业主允许承包人对一定数量恶劣的天气风险进行投标报价，这就是一个很好的公平平衡风险的例子“。总体来说，

---

* 业主疏浚与填海合同项目经理。

** 桥梁承包人联合体（Sundlink）项目总监。

业主也不能过分转移风险给承包人，否则工程造价会变得出奇的高”，他预计。

业主首席财务官 Teddy Jacobsen 记得在项目最早的几个月中，业主就决定了如何对承包人和其联合体进行资格预审，支付是基于里程碑节点，而不是计量。“我们决定了承包人不需要承担通货膨胀和货币兑换的风险，毕竟他们只是承包人而非经济财务机构，所以我们作为业主要承担这些风险，”他说。本项目的业主很幸运能够从丹麦和瑞典政府得到完全的财政支持，所以可以获得财务贷款上最优的利率。

另外，Claus Dynesen* 将业主的成功归结于早期业主作出的决定：进行业主和承包人的责任分配。他说在投标阶段和合同谈判阶段责任就已经定义得很清楚，因此承包人都能按此报价。

4.5 招标过程 / 信息分享

Finn Ennemark** 说：“我们设计协调部门的首要任务就是收集所有标准、规范等来建立整个通道的设计依据。”这是个困难的任务，因为本项目没有合适的规范存在，他和他的团队不得不创建一个“项目专用技术规范”。

“我们不得不为整个通道编制专用技术规范，可以涵盖所有内容包括美学要求，然后放入招标文件”，Finn Ennemark 解释说。

不仅业主团队需要编制自己的标准，而且显然也没有专业的公司可以审查设计。Finn Ennemark 说，“我们通过引入相关专业人员，在施工开始之前合理的时间内，在各专业人员之间进行公开辩论来解决这个问题。”

Finn Ennemark 是业主团队的工程师之一，是参与过大贝尔特项目积累了很多经验的工程师，他相信大贝尔特项目的经验在探索解决厄勒海峡通道项目问题的方法中发挥了价值和作用。

---

* 业主的环境和政府部门项目总监。

** 业主设计协调经理。

“我们不得不从大贝尔特项目学习怎样建立我们的经验；我们回顾那个项目的问题，然后想出办法如何在本项目避免”，Finn Ennemark 说。

早期业主作出的决定之一就是把业主收集到的所有研究、设计和场地勘察的信息全部分享给参与投标工作的承包人联合体。这样可以减少复制，同时也帮助建立信任关系。业主内部设计人员完成项目的参考设计作为招标文件的一部分，承包人可按自己意愿采纳参考设计的任何部分内容，但一旦采纳任何部分的设计，该部分就成为承包人自己的责任。

业主桥梁合同行政经理 Leif Sjøgren 回忆，在桥梁投标过程中的相互信任和合作是很明显的，业主向投标人分享文件信息。例如，承包人必须列出所有需要向政府部门申请许可的清单，业主协助他们完善这个清单，当然业主不对清单负责也不对是否获得许可负责。

“我们仅提供场地和两个国家建造通道的协议书”，

图 4-7　桥梁施工

Leif Sjøgren 说。“剩下的工作都是承包人的，这一点承包人已经清楚”，他补充道。就报批许可而言，业主需要承担的只有与其常设机构设立有关的报批，而承包人负责所有与工程实施相关的报批。

业主在投标开始阶段召开研讨会，向承包人宣贯清楚业主的定位和项目管理的方法。这个举措就是为了保证承包人不要误解业主的伙伴关系，从一开始一直到项目结束所希望的伙伴关系。

Göran Ohlson* 解释到：信任是通过勇于敞开心扉表达自己的坦诚建立的。如果采用坦诚开放的方式，表达了你的理由，你通常能得到同样的回报。

招标前，业主清楚地告诉承包人他们需要成熟的经过检验的施工方法，业主对创新或其他标新立异的技术没有强烈欲望。但这并不是说什么都不尝试，而是强调尝试的责任方是承包人。同样，为了这个项目的考虑，承包人必须具有经过证明的经验。

承包人有义务证明他们能够执行他们的施工方法，不管是创新的还是传统的。各方进行施工方案的讨论非常常见，不管是在每一个基本施工方案获得业主批复之前的编制过程中，还是方案在实施过程的挑战中。

* 业主法律总顾问。

5 通道建设

5.1 简介

虽然瑞典水务院审批项目的时间很长，但经过3年的争议，政府部门最终作出了批复的决定。这三年期间，业主也做好了批复后可马上启动工作的各种准备：合同仅仅在项目批复4天后就完成签订。所有纸上工作都已就绪，业主完成了对各种结果和影响的讨论，必要的变更也已整合在合同中。Peter Lundhus* 说，“准备工作主要的目标就是你绝对确信在签订合同之前整个框架已经搭好了，因为一旦开始，任何改变都意味着花钱”。

从一开始，Peter Lundhus 就强调业主团队的主要目标是管理通道的施工过程而不是细枝末节的内容。合同的制定、有经验承包人的选择以及风险的分担等都是围绕这个目标。但最大的挑战是在实际施工过程中将这些文字转变成行动。合同中的一些要求必须从一开始就做到位，而且从一开始就要有效地执行：比如项目的质量控制、自我认证和检验工作。业主还通过设立争议解决机制作为项目最底线的保障，以减少索赔数量。最后，业主要检验自己的员工，他们都承诺了要维护合同中设立的整个施工过程中责任和风险的清晰划分，同时他们必须学会自己站在一边，让承包人解决问题，而不是过多的干预和给予承包人指导。

回过头来，Peter Lundhus 总结到：业主尽管没有去管理项目细枝末节的事情，但保证了对项目整体施工进度、造价和质量的控制。

---

* 业主工程技术总监。

图 5-1 可温控的工厂生产隧道管节

5.2 施工过程责任－质量控制，自我认证和检验

对项目的很多承包人来说，质量控制的自我认证制度都是一个新的概念，为了让它有效地运行，需要采用“胡萝卜加大棒”的软硬兼施措施。胡萝卜就是更加高效运作项目的机会，大棒就是不能容忍质量的任何折扣。实际工作中，业主团队自身有能力发现质量问题，可以自由随机检查和自我检验，这些都大大加强了质量意识。尽管合同内容已经写得很清楚，但许多参与的人员都知道，如果业主事先没有花精力去建立和培养伙伴关系，施工期间双方之间的合作氛围是不可能存在的 。

Erik Kevan 是业主的桥梁施工经理，他的团队包括一个海上工程经理和一个岸上工程经理，再加上一个质量保证经理带领四个质量工程师。这个团队要负责 7.8km 长的全部桥梁施工，包括设在瑞典和西班牙的桥梁构件预制场。

虽然团队规模小，Erik Kevan 说他有信心不需要再多的检查和监督，因为他相信承包人可以完成合同的要求。他几乎是有些不客气地吹嘘，“我们从不会出去数钢筋”。他知道，如果一次抽检发现承包人没有按照他自己的规格要求完成，这个承包人就失去了信誉，Erik Kevan 相信任何承包人都不愿意去承担这个风险。

虽然他的质量团队去工地只执行最小量的检验并编制监控报告，但报告不会给承包人，可能只顺便给承包人提一下。

业主致力于降低纸面上的工作，双方的对话也仅是谈话而已，不会再在双方的书面联系中重复。

“不能轻易的相信承包人；所有承包人都是海盗、所有业主都是傻瓜——这个长期以来留在人们脑海里对承包人具有偏见的说法总是很难让人忘记”，Erik Kevan 承认。但这样理解有什么好处呢？“我们团队只有 6 个人，而以前可能需要 60 个人，但是我们仍然非常频繁地出现在现场，抽查已经被证明很有效”，他补充说。

承包人对所有的事情负责，Erik Kevan 说，甚至是负责自己的里程碑认证和支付问题。承包人自己设计、出图和计划，业主只审批首次的总体设计和项目质量计划，除了这些，承包人都说了算，完全自由。Erik Kevan 自言自语道，传统方法中，承包人可以舒舒服服地采用咨询公司的设计，但是同时也有无休止地对设计的疑问和质疑，现在承包人必须独自处理。业主希望承包人能意识到他们手中的权利，他们可以按照自己的施工方法和系统量身定做设计和计划。

业主的小团队负责理念也意味着会缺人手而违背以前的执行全部独立检验的原则。“我们要求承包人邀请我们仅作为旁观者，参与他们的检验，这显然在传统合同里是没有的”，Erik Kevan 继续说到。“承包人开始非常质疑这种做法，但是通过理解业主的意图后，他们明白过来。”

“业主哪怕只执行 50% 计划的独立检验工作，业主的人员也会完全被这些工作困住。现在采用邀请业主代表参与承包人的检验的方式，业主就可以从这些工作中释放出来，同时可以

图 5-2 桥梁施工

与承包人建立更多的信任”。法定要求的健康和安全检验再附加上质量和安全检验被称之为必须由所有方见证的“巡视”。

因为承包人质量控制的责任扩大，咨询团队例如桥梁咨询团队（ASO）在这个项目中只起“独立监督”的作用。Klaus Falbe-Hansen* 说：“开始我们认为咨询主要进行承包人质量控制系统的检验，但是后来我们说服业主把咨询的精力主要放在施工监控上。开始我们按照通常的做法执行独立检验，而一旦建立了一定程度的信任，我们意识到独立检验和承包人的内部检验在很大程度上是重复工作，而且浪费时间”。

随后各方达成一致，ASO 被邀请参加承包人的内部检验，可向承包人提出质疑。“这样我们参与了更多的检验，但比通常的独立检验却花费更少的精力，我们同时也获得了承包人系统是怎样运行的更多更广泛的知识和信息”，Klaus Falbe-Hansen 说。

承包人要劝说他们的员工全部按照一个目标和标准来工作并不容易。Mats Williamsson** 指出，Sundlink 在这个项目一共有 1300 员工，90% 的人员都是只为执行这个合同的工作而招聘的。

“要让这么多人在这么短时间内全部往一个方向努力是一个非常大的成功”，他说。其中成功的一部分要归结于质量计划中的“施工提升计划”获得的反馈信息。施工提升计划是一个注重进步而且进行评估并持续改进提升的系统过程。在同一个会议上，出席的人员需要研究和讨论现在和将来的施工中是否能够马上应用学习到的一些经验教训。

Mats Williamsson 认为这个过程帮助他们重视整个合同团队的工作过程，大家都在不断地评估他们的强势和弱势。大多数的管理评估都是通过会议或研讨会进行的，并邀请业主定期参与讨论。“我们听取业主的意见”，“然后每一个部门经理都需要回去思考他们部门的回应和反馈”，Mats Williamsson 说。

* 桥梁咨询团队（ASO）项目总监。

** 桥梁承包人联合体（Sundlink）项目总监。

5.3 友好快速解决挑战问题

像任何其他土木工程一样，厄勒海峡通道项目也发生过施工问题，一些问题很少人知道，而另一些问题则广为人知。非常值得注意的是，虽然有这些挫折和失败，其中一些还非常严重，业主团队都能够管理好这些问题并使项目按计划完成。他们的一个原则就是要克服这些挑战性问题，使其得到矫正，而不能让它成为离间各方关系的因素。

首先需要克服的障碍就是鼓励承包人当问题发生时要公开，承认确实有事情做得不好而必须找到解决办法。Klaus Falbe-Hansen 解释说，“让承包人自己承担质量控制责任就是合同的一个基本原则之一，当需要时要求承包人自己填写不合格 / 不符合报告。”但实际上业主也花了很多精力才能够去相信承包人

图 5-3　桥梁施工

会做这件事而不是把问题藏起来。

主桥的西桥塔注浆问题很显然证明了这种新的合作精神是可行的，Klaus Falbe-Hansen 回忆。“承包人没有隐瞒任何事情”，他说。

西桥塔沉箱和海床之间的第一次浇筑浆体被海水冲走了，承包人团队 Sundlink 花了三个月时间研究损坏情况，寻找在这一领域的最好专家，同时研究开发可以满足标准要求的修复方法。最终解决方法是将新鲜混凝土泵送到沉箱下面的孔隙中，此时，桥塔柱继续施工到大约 150m 高度，不会有任何危险。

Örjan Larsson* 重新回忆这种情况对维护各方良好关系引起的挑战。“经过几个月的调查和修复工作，承包人和业主都清楚如果关系破裂后的合同后果”，Örjan Larsson 说。承包人无疑保持了非常公开的态度，业主也非常理解他们担心的财务影响。Örjan Larsson 说：“问题的严重程度很快就被发现和理解，一旦恢复施工的方法建立起来，1~2 个月后桥塔施工就可以继续”。

针对出现的问题，业主和承包人有两种公开的选择：如果一开始就互相指责或者抱怨，那么前进的方向就会像掉入螺旋向下的陷阱一样快速地坠落，而且很难挽回。另一种选择就是采取积极主动的态度，虽然解决问题要像爬上一个陡坡，很艰难，但是回报的将是相互信任的一个新高度。“你必须不断证明自己，作为一个业主，对承包人能够解决问题保有信心”，Örjan Larsson 吐露。

业主购买了涵盖承包人出现这种情况后的职业责任保险，Örjan Larsson 解释到：“6 个月后承包人提出索赔”。一般承包人本身应该购买职业责任保险，但是在这个项目被划分了数个合同的情况下，业主考虑传统办法可能会使整个通道的造价升高，从长远考虑，业主认为自己承担涵盖全通道的大部分职业责任保险将更经济。

这个注浆问题刚刚发生不久，西桥桥塔其他混凝土的问题

* 业主的桥梁工程合同总监。

图 5-4 承包人需应对恶劣的天气条件

又出现了：南塔柱早期浇筑的混凝土某些部位出现裂缝，北塔柱部分混凝土质量不能满足要求。

Heidi Wiese*说，这些问题的解决全部留给了我们（承包人）。“当一个桥塔出现裂缝后，我们把桥塔降低到 8m 高位置进行处理。我们把这些事情告诉业主，他们很乐意由我们来处理”，她补充到。“有时候一个问题有数个解决办法，我们真希望业主能够帮助我们选择，并希望他们说‘好的，如果我是你，我会这样做……’，当让业主一起坐下来解决问题时，一些业主都会摇头”。但她感觉：总体来说，业主和承包人之间几乎没有不一致的地方，这种方式有助于提升标准。“如果你看看我们的通信交流记录档案，比通常情况少多了。而对大贝尔特项目，我们经历了各种长时间的讨论和更多的纸上工作。”

虽然承包人始终是选择的最终决策人，如果被要求，业主总是在一旁为承包人提供建设性的意见。举一个例，Leif

* Sundlink 的质量保证工程师。

Sjøgren* 回忆，承包人在浇筑一个塔柱时出了问题，而下一吊安装构件已经浇筑好，承包人提议仅对受影响的部分进行修复，业主就告诉他们，虽然进度会受到一些影响，但他们会选择清除受影响的混凝土后重新浇筑。这样的意见让承包人重新考虑，最终重新浇筑，并不是业主要求他们这样，而是因为他们认为业主的意见有价值而尊重他们的集体经验。

业主的支持对这种工作方式是非常重要的，在疏浚填海承包人刚开始工作时就证明了。Steen Lykke** 说，“第一年的冬天，厄勒地区经历了完全的冰冻，人可以在冰上从丹麦走到瑞典。由于疏浚船不能工作，我们损失了 6 个星期工期，这对于施工计划来说是一个非常糟糕的开始，因为本合同和下一个合同的富裕时间只有 8 个星期。”

把疏浚完工日期推后当然是可以接受的，毕竟不可预测的天气可以成为工期延后的合理理由，但是业主反而决定，支付额外费用给承包人让他们加快速度赶上工期，这是更好的选择，而不是推迟完工时间。最终业主和承包人谈判达成一致加快进度，在三个月时间内赶上失去的时间。

1998 年施工遭遇了一次挫折，一个管节在沉放过程中沉没了。Steen Lykke 回忆说，工程技术总监 Peter Lundhus 当时正在南非，但他并不需要急着赶回来，因为业主和承包人一起顺利处理了问题。“因为我们已经在内部充分地讨论了，每一个人都知道要做什么，我们发现出了问题恢复正常很容易”，他说。

业主团队曾面对的一个最大挑战是废除原设计的两个人工岛，以一个更大的人工岛来取代的决定。虽然这个决定是在项目早期作出的，但是疏浚合同当时已经按照两个人工岛的要求发出，这意味着业主不得不修改合同。

所以承包人联合体 ÖMJV 第一年的合同经过了很多谈判。“经过了 77 次会议后，ÖMJV 意识到这个业主是可以信任的”，

* 业主桥梁的合同行政经理。

** 业主隧道、疏浚与填海合同总监。

图 5-5 预制厂内部

Lars Carlsen[*]记得。如果ÖMJV追究到底，而业主又反应很糟的话，对项目将是一个灾难，这个通道不可能按时完成。

如果承包人简单忽略一个出现的问题，希望问题过不久就会消失，这是业主很难控制的一件事情。如果问题没有被马上关注，就会以小积大直到不可控制的结果时才会引起业主的注意。“在我的经验中，问题被忽略就会像滚雪球一样失控”，Leif Sjøgren 说。

如同一个能够知道他可以做哪些事情的十多岁的少年，有时候会试图忽略一些他希望将来会消失的问题一样，业主，就像家长，必须规劝他，事情很小的时候处理很容易，不要等到事情变大后而失去控制。

Lars Carlsen 说，大贝尔特项目中许多要闹法庭的争议在本项目中就不可能发生，因为这个项目的业主显然非常乐意公开

* ÖMJV 的项目总监。

讨论这些争议的问题。在这种情况下，业主和承包人已经建立了一定程度的信任。

这个项目出现争议时，承包人乐意马上处理问题，然后事后进行索赔。这个方法对业主来说显然更容易接受，从关系的观点看，对承包人也更容易。但前提是双方之间有正面积极的联盟合作才能有效。在第一年的再谈判中，业主展现了令人鼓舞让人信服的管理上的一致性，Lars Carlsen 认为。

5.4 争议解决机制

尽管业主采用新模式合同的意图是好的，但业主也没有绝对地保证关系不会破裂而导致争议无法解决。为了提供再保障，业主决定成立争议评审委员会（DRB）作为每一个主要合同的一部分。原则是通过这个方法，保证发生的事件或索赔决不会发展到使工程进展受影响的地步。

每一个委员会由承包人和业主联合提名的“三个智慧的人”组成，DRB 具有专业技术、独立执行。按照合同，DRB 成员每隔 6~8 周访问一次现场，从承包人和业主那里收集信息，同时听取任何不满或抱怨。

业主的意图就是如果发生争议，DRB 将对案例进行分析并推荐双方都必须执行的行动。如果任何一方对决定不满意，他们只能在工作完成以后才能选择是否去进行仲裁。

实际上的执行结果却非常不同，工程技术总监 Peter Lundhus 说，既没有业主也没有任何一家承包人去找 DRB 进行争议的裁定。小问题在到达 DRB 之前就已经解决，如果真有实质性的争议，在没有正式通知 DRB 处理之前也找到了解决办法。Peter Lundhus 相信承包人一般都愿意自己找到解决办法而不愿意去按照别人的指示或推荐意见去做。本项目曾发生了争议，但是在报告提交给 DRB 的同时已经采纳了解决办法。

隧道合同的 DRB 由独立咨询公司的 Willian Francis 主持，他具有非常多国际施工项目的丰富经验。从一开始，Willian

图 5-6　深坞浅坞全景

Francis 解释，他和他的同事都把自己看作是“争议避免委员会”，就是希望让大家清楚知道他们是把“能干、胜任”的态度作为委员会的角色。委员会希望强烈表达的另外一个观点就是他们坚持把争议指向‘挑战’而不是‘问题’来传达正面积极的关系氛围。

这个争议解决机制的成功在于几个核心的因素。首先，采用 DRB 在一开始就被写入合同，DRB 的专家由业主和承包人共同商定，甚至他们的名字也被写入合同文件。其次，委员会的成员必须定期访问现场，有机会正式或非正式地和业主及承包人进行讨论。在其他一些项目上，也设置 DRB，Willian Francis 解释，但是成员仅在有争议需要解决时才被召来，这时双方各自的态度可能已经都很坚持，找到解决办法就变得很艰难。

Willian Francis 解释说，“这个项目中我们的运作是‘减振器’而不是‘制动器’，像‘协调者’而不是‘仲裁员’”。

对 Søren Langvad* 来说，争议评审委员会是一个新概念，真的是第一次在丹麦采用。“你可以说 DRB 是一个被动的角色”，他说，并补充道，它是一个再保障系统，是争议发生后一个可以去诉求的机构，尽管它在项目中并没有被完全利用过。

当所有问题发生时，各方都有强烈的愿望去处理好。Søren Langvad 说，这也许是为什么项目圆满完成，而没有发生一宗未决索赔的原因。他说有一条原则：“每一个问题都应该在人还在现场时解决，而不是将其转换成索赔等到 2~3 年后再解决”。

实际上，每一组 DRB 的“三个智慧的人”都只参与了工作范围内的跟踪项目、访问现场、参与一定的会议、阅读进度报告这样的工作，从来没有被叫来解决争议。Sven Landelius ** 开玩笑说，“如果你和合作伙伴不能一起合作工作，你已经迷失了。”

* 隧道承包人联合体成员 E Pihl& Sons 执行董事。

** 业主 CEO。

他的观点就是如果双方需要到法庭进行仲裁，那么双方都是输家。他悲伤地说，“需要花费的精力和费用是巨大的，不光是法律上的，而且在信心上、负能量和资源上，是真正的打击”。

John Lassen[*]说，“离竣工只有2个月时，没有一个未决的索赔，对这样大规模的项目是非常不寻常的。对于项目发生的变更，一直都是非常公开地进行讨论并达成一致意见”。

毫无疑问，维护良好的关系的关键所在就是，不是仅靠设置了一个正确的争议解决机制，重要的是要把可能破坏关系的因素尽可能消除。

Erik Skotting[**]说，传统合同中各方的关系不好、索赔、不愉快的通信交流，以及吹毛求疵等把项目的能量都消耗了。他完全相信，针锋相对没有任何好处，解决不了问题，只会让人员更难集中处理手边的问题。“问题必须用客观的态度来面对，这样才能够找出责任原因和解决办法”，他总结说。

业主必须优先考虑避免各方之间无休止的文件来往，解决问题更适宜的方法是采用观点明确面对面的争论。大家都知道，对于承包人写给业主的信函，为了保持一个和谐的关系，业主会回复一个电话，这表明该信函收到了且不再回信了。在另一种场合下，正在面对面谈判的双方，一方可能对另一方说，“我想给你写这封信”，业主桥梁合同行政经理 Leif Sjøgren 然后用身体语言和面部表情表述关心的问题，这个问题在讨论中可能就解决了，也不必再写信了。

Göran Ohlson[***]说，“业主管理理念的核心在于实行严格的职业精神，当收到承包人令人不愉快的信函时，能够坚持事实。”他认为本项目能够按时在预算内完工而没有诉讼案与业主采用的伙伴关系管理理念是分不开的。“本项目没有任何事需要仲裁，也没有任何承包人或咨询单位的法庭诉讼”，他声称；与其他

* Sundlink 承包人联合体成员 Højgaard & Schults 执行副总裁。

** 业主隧道工程合同项目经理。

*** 业主法律总顾问。

图 5-7　海中人工岛施工现场

类似规模和性质的基础设施项目相比是一个非常大的成就。

他说争斗没有任何作用而且往往双方都成为输家，但是承包人应该毫无疑问地知道业主有能力保持强势。他把业主这种正确地解决争议的洞察力理解为职业精神和经验。

这种项目的合同时间长也就意味着为所有参与方找到积极的工作方法至关重要。“对长期合同，如果在开始出现了一个问题而没有被重视，就像一个敞露的伤口：它会化脓溃烂。最后双方交流失败变成互相埋怨和指责，而事情都没有解决”，Peter Lundhus 声称。“我们想成为有职业精神的业主，我们知道我们想要的和能够得到的，如果有问题出现，我们应该找出办法，而不是破坏关系”。

但是要维护相互的信任和合作，有很多很陡的坡要爬。Leif Sjøgren 说“当填写了沉箱注浆和孔洞问题的索赔单后，承包人

图 5-8 部分地层情况比预计的更严峻，疏浚刀头磨损严重

看起来有些担心业主不会尽最大努力帮助索赔，因为是承包人的责任向职业责任保险公司争取赔偿，业主因此存在丧失 2000 万丹麦克朗（约合 2500 万元人民币）的无索赔奖励的风险。”业主知道了这个疑虑，立刻召集了承包人的面对面会议来商量解决问题，强调业主的唯一目标就是最终在规定的日期获得丹麦到瑞典的通道，业主对是否从保险公司获得 2000 万丹麦克朗（约合 2500 万元人民币）的无索赔奖励并不在意。业主的坦诚打消了承包人的顾虑，同时业主也提醒双方，彼此都投资巨大才获得的双方友好关系要继续保持下去。

由于实际土质比预期硬，疏浚和填海合同承包人 ÖMJV 受到打击。“疏浚方法很正确，在土质最硬的部分，刀齿 15 分钟内就被磨穿”，Ebbe Malte Iversen*解释说。疏浚工期比预期时间长，但是避免了使用钻爆法，所以选择这种疏浚方法的风险是值得的。招标文件中已规定承包人需要准备采用钻爆法的可能性，

* 疏浚与填海承包人联合体 ÖMJV 成员 Per Asrsleff 的总经理。

业主提供了地质勘察结果推导的最低和最高岩土硬度参数，如果实际超出这些限值，承包人 ÖMJV 可以申请索赔。

“在某些情况下，该地区独有的石灰石夹有高含量的燧石使疏浚料太软，就必须对吹填总量进行调整。” 承包人总经理 Ebbe Malte Iversen 解释说，人工岛结构部分的吹填料取自业主指定的南部 100km 外瑞典的一个取土坑，疏浚土料为 3m 厚的夹层土，内含 1m 厚的砂层。“但疏浚土料硬度参数小于业主规定值，所以承包人对瑞典进口的材料进行了索赔，最终业主对额外的费用进行了支付”。

Malte Iversen 从来没有怀疑过业主在索赔方面给予他们的全力支持，理解所有财务方面的问题都将最终得到平等的解决。承包人能够相信业主并持续努力工作，因为他们很显然知道业主只有一个目标，就是按时完成通道。“另一个事实就是争议评审委员会让所有方都达成了一致意见”，他说。

“瑞典水务院的批复中包含的环境要求影响了施工方法，这就意味着，承包人 ÖMJV 要调整施工活动，而且是以前没有预算的；业主再一次支付了这些费用，因为在之前的工作要求中已经明确”，Ebbe Malte Iversen 说。

“虽然设计很简单，但是疏浚和填筑在整个项目方案中非常关键，包含更多潜在的风险”，Claus Iversen* 说。除了天气风险（冰、雾、风、流和温度），还有岩土的风险。在隧道基槽开挖中，承包人发现了一些他们用绞吸式疏浚船开挖过的最硬的石灰岩，Claus Iversen 说。

“在投标阶段，有些承包人倾向于钻爆法，很显然这种方法更贵，且对环境破坏更大，但中标的承包人 ÖMJV 当时承担了这一个风险，没有采用钻爆法，而是把绞吸式疏浚船的能力用到了极限，最终按时按质量按投标预算完成了任务。” Clause Iversen 印象很深的是怎样只采用疏浚船就把“1m 厚的燧石结节层（大到 200mm 厚）”从石灰岩中挖出来了。“很大的壮举”，

* 业主的疏浚与填海合同项目经理。

他说，现在还为当时的成就感到惊奇。

对 Claus Iversen 来说，“积极主动”这个词，意味着要不断地往前看，将来还会有哪些问题可能发生，例如问问遇到冰、风和波浪天气等“如果，怎么样” 的问题。“例如如果允许恶劣天气下有 10 天停工，在停工的时间可以讨论替代方案来保证施工进度，也是同时在很好地利用时间”，Claus Iversen 说。这其实也是在加快工作进度，或者用于准备额外的设备和资源。

“5%的溢流控制奖金对承包人很有效，虽然并不是他们的设计人提出的限制条件”，Claus Iversen 说，在开始时有几次因为超出溢流量限值，绞吸式疏浚船也被迫停工过。但不管碰到什么问题，业主总是在旁边支持和帮助直到最痛苦的事情结束。Claus Iversen 相信这是一个从业主高级管理层强大的团队工作精神中引申出来的个人的行为事情，这样的案例在整个项目中非常多。

不论什么时候有索赔，业主总是回过头来指向合同文件。“我们业主内部没有工程量估算师来应对索赔”，首席执行官 Sven Landelius 解释说，我们的合同管理考虑的面更广，回过头看合同的第一原则，责任和风险都进行了清楚的定义。Sven Landelius 说，“一接到索赔就进行合同评估，这不只是工程量的问题。”

索赔都被公正地处理，因此就没有理由争议了。“有一些项目业主总是告诉承包人说业主没有钱，也就意味着承包人必须去起诉业主，才有可能从这些极端的业主那里争取到更多费用的可能性”，业主法律总顾问 Göran Ohlson 说。

“作为本项目的业主就不会这样，因为事情都是从项目的全局出发按照其本身的功绩进行评判”，他声称。

5.5 维护施工中风险和责任清晰的划分

如果想一想在制定合同时，为定义清晰的责任和风险划分所花费的大量精力，在整个施工过程中执行时，就肯定视它为

图 5-9　管节浮运到隧址

非常神圣的东西。所以当出现问题时，业主能够控制自己的脾气不介入、不去参与负责任，这一点非常重要。在传统的合同中，这可能不是什么大问题，因为业主一般没有足够的专业能力去介入，但这个项目业主完全有能力。

工程技术总监 Peter Lundhus 解释到，业主致力于管理过程，而不是细枝末节。但存在的一个风险，他说，就是业主可能"沉迷在细枝末节中"而开始发布详细的指令给承包人。在这种情况下，责任就转到业主方，显然这不是业主需要的结果。如果出现有潜在重大财务风险的情况，这种事情发生的可能性更大。因此，业主的所有人员要完全清楚业主这个角色的责任界限在哪里。

6 用心建造

6.1 简介

在斯堪的纳维亚地区环境最敏感的水域建造一个庞大的基础设施从来就是很不容易的，从项目一开始业主就接受并强调这个事实。

除了施工对地区生态自然的直接影响，还存在着更长远更严重的潜在影响，这就是通道对波罗的海往返水流的影响，厄勒海峡是这个水流运动的唯一路径，任何改变海峡地形地貌的建议都会被严肃地考虑，因为可能影响对波罗的海盐分和氧气的供应。

在本项目中，环境部门要求如果要建通道，必须对水流没有影响，也就是要采用所谓的“零阻水率方案”。项目通过采用大范围的“补偿疏浚”来达到这一目标，在水中每建造一个物体，比如在海峡中安装了一个桥墩，就同时需要挖走同样多的泥土来保证水流的平衡、保持整体的水流量不变。

为实施这个原则对初始设计进行了一些修改：将丹麦端凯斯楚普人工半岛长度减少550m，而沉管隧道长度相应加长。也有建议提出对两个人工岛进行改变，但是这个建议一年后被取代，因为业主提议要更进一步通过对设计进行优化来降低项目对环境的影响。

初始设计包括在海峡中间施工两个人工岛，从而实现公路和铁路的过渡从桥梁转换到隧道。业主建议将桥梁加长三跨，合并两个人工岛，同时减少最后合并的一个人工岛的总长度。新设计的好处不但减少了挖泥量，而且减少了溢流的总量。

图 6–1　工厂深坞浅坞全景

承包人除了必须保证设计满足“零阻水率”的原则，同样必须将溢流量控制到尽可能小。他们不仅要满足 5% 的溢流量要求，而且还要监控施工，同时提供业主和承包人都可以查看的让人信服的监控数据。

“用心建造”的含义也可以延伸到业主对现场安全问题的小心监督，业主引入了竞赛和奖励制度来减小项目事故率，取得了非常显著的成功。在工程进行到一半时，业主成功地把事故率降低一半，并一直稳定保持这个只有丹麦施工行业平均事故率一半的水平，同时比瑞典事故率水平也要低很多。

6.2　环境：把立法转化成可量测的标准

大型建设项目往往都把环境保护看作是一种“事后思考”的行为。本项目业主把责任转给咨询单位和承包人，要求他们建设一个“环境友好”的项目，但是不接受把保护环境仅简单地理解为使用可循环纸张，夜晚关闭施工现场的照明等这样的事情，而是要求在设计中进行非常仔细的考虑，建立合适的环境标准并通过监控来评估项目对环境的真正影响，当然这些都需要花钱。

在其他项目中，所有的承包人都乐于展示项目对环境保护的敏感形象，但往往只是花一些小钱或者不花钱在工程中实施一些小的变化，而不是为每一个单项的工程设置合适的环境目标并通过监控来保证达到这些目标。

本项目从一开始就做了一些根本性的决定，意味着环境管理的效率要比其他这样规模项目高得多。这些早期最重要的决定就是意识到和接受环境要求对本项目的影响，以及项目对环境的影响。

当业主机构正在建立管理团队时就识别出对本项目方案影响最重要的因素，并对每一个因素形成相对应的政策和策略。这些因素包括工期、费用、质量、交通预测等， 环境也被列在清单里，按照工程技术总监 Peter Lundhus 的说法， 环境是“到当时为止”对项目影响最大的因素，其重要性可能因为牵涉两个国家而加大，两个国家各自有强大和严格的环保团体，相互进行认真监督。

认识的第一步关键是意识到环境的重要性；第二步是接受需要花更多钱来建设一个适应环境项目的事实。为达到“零阻水率”要求相信已增加施工造价为 10%~15%。同样地，像项目其他方面一样，业主希望清楚划分风险和责任，从而用最有效的方法来处理环境问题。业主本身承担项目建设和运营的报批责任，而承包人则需要获得许可进行临时工程和永久工程的施工。

Claus Dynesen* 是第一批被业主招进来的人员之一，环境当时已经被当作施工图设计开始之前的第一大障碍之一需要清除。

---

* 业主环境和政府部门项目总监。

政府决定，尽管这个通道很特殊，也必须满足每个国家的常规法律，所以施工之前必须获得相关环境部门的许可。

在丹麦，当议会法案批复这种大型项目后，将由政府部门按照此法案制定每一个具体项目的环境要求大纲。但是在瑞典，就完全不同，业主必须向法律部门比如瑞典水务法院和环保局证明这个项目对环境没有有害影响。

“业主要面对瑞典立法部门非常严格、复杂和正式的环境法律条款问题”，Claus Dynesen 解释。“在丹麦有人愿意协助你去通过这些繁文缛节的体制程序来获得环境标准的批准，但是在瑞典没有人愿意去协调这样的事，只有本项目业主去协调”。

在瑞典国家程序下，获得环境许可的责任是由承包人、业主或者负责项目启动和建设的执行者来承担。“我甚至认为瑞典政府在签署建设通道的同意书时，并不知道其立法部门对环境要求的严格达到哪个程度”，Claus Dynesen 说。从 1991~1995

图 6-2　要求疏浚承包人对溢出物限制非常严格

年共花了 4 年时间来获得所有这些许可，这也是签署合同前的一个主要障碍，他说。但是时间并没有浪费，这段时间业主用于开展非常大量的研究工作，还开发了计算机模型预测疏浚引起的回淤分布，从而用于对环境影响的预测。

针对不同因素，相关部门制定了可以接受的环境影响标准：例如需要达到的“零阻水率”要求，或者溢流对斯德哥尔摩周边比较常见的鳗草的影响要求。业主负责控制这些标准不被突破，他们把标准转换成将来承包人的合同要求，比如最大疏浚量不能超过 5%的平均溢流，或者要求距离一些敏感生物区域必须满足一定的安全工作距离。

丹麦水利学院的 Jacob Stten Møller * 向我们解释这个系统是怎样工作的，两个国家经过广泛深入的对话达成了一系列可接受的标准限值，“这涉及一个基本的底线、一个可以想象的影响程度和对局部影响可以接受的限值，比如局部对鳗草和蓝贻贝的影响要求” Jacob Stten Møller 记得。鳗草是一个对疏浚溢流蔓延量影响敏感的关键指示物，因为鳗草的生长和生存状况受到达海底光线量的影响。天鹅是另外一个关键指示物，因为天鹅愿意生活在可以看到海底的区域。

环境科学家知道溢流形成的水中阴影会阻挡光线到达海底，从而减少能量传递，鳗草的生长也会减少。“采用遮阳篷的方式对海底光线的影响已经做了很多研究，如遮挡 10%、15%、20%、25%的光线量等带来的不同影响，从而建立了一套可以接受的界限值，保证对这种鳗草的保护，减少疏浚和填筑对环境的影响”，Jacob Stten Møller 解释。从这些研究中也制定出了对溢流控制的预算。

但这并不是一个容易的过程：两个国家设立的一些环境标准有时相互矛盾。例如一个国家说允许损坏 50%的鳗草，另一个却说只能 10%。“所有这些标准的统一都必须在签第一个合同前确定”，业主环境和政府部门项目总监 Claus Dynesen 解释说。

* 海洋环境咨询联合体项目总监，丹麦水利学院。

研究者也发现，例如，动植物受影响的敏感性在冬季冬眠季节要比夏天生长季节小得多。

“合同要相应按照保护环境的要求来草拟”，他声称。同时他补充道：“所有的环境要求不仅是招标文件的一部分，同时也是在承包人投标和签合同之前合同谈判的一部分，从而来保证承包人知晓这些内容，而且必须这样做”，Claus Dynesen宣称，“否则你无法控制你的过程、你的承包人或你的环境。”这些理念也在一定程度上在大贝尔特项目上应用，但应用是在合同文件已经发出之后，所以执行起来没有厄勒海峡通道项目这么有效，本项目这些标准限制条件被事先写入合同，还设置了溢流控制的奖励等措施来鼓励成功。

6.3 环境：清晰的合同义务和监控

Claus Dynesen的经验是，在很多项目上，管理层都是在所有合同都准备好以后，才把环境保护的话题提出来，同时把责任划给承包人并向他们强调“必须慎重考虑”。采用这样的方法，他相信，只会引起将来激烈的争议并付出更多的代价和时间。他相信环境是可以用金钱来加以保护的，而且应该由业主来支付，就像业主愿意花更多的钱来采用更高强度的混凝土一样。

业主将环境管理的责任，包括计划、控制和监控责任移交给承包人，也给承包人带来新的挑战，尤其是疏浚和填海的承包人。考虑到疏浚承包人从来已经习惯接近15%的溢流量，这个项目只允许5%的溢流量限制是一个非常令人生畏的数字。承包人不得不通过改造疏浚船来提高工效，也不得不制定和执行更大面积的溢流监控计划来证明他们达到要求。另外，他们还不得不保证提供连续的监控结果书面文件。

从1995年10月疏浚施工开始，到1999年6月结束，共完成1430万t疏浚，相当于计划总量的99%。这期间，溢流量只有59.8万t，平均溢流量为4.2%。虽然刚开始时，5%被认为是“几乎不可能”的，但最终还是创造了奇迹。

图 6-3 岸上段施工

在评估溢流预算时包括对 7 个环境方面的监控。5%的溢流量并不是说承包人如果挖了 100t 泥，就可以马上溢流 5t，每天允许的溢流量是变化的。例如如果当水中出现一定程度的固体悬浮物，贻贝类生物就很难生存，溢流量就要减少。允许的溢流量也根据季节而变化，例如鳗草在冬天习惯少一些阳光，所以有一个“冬眠期”，溢流量可以增加些。

另一个可量化的指标是水质，研究者发现当溢流物质超过 10mg/L，海边游泳者或者涉水者就不再能在水中看见自己的脚，因为对水质问题的推测，这个指标通常可以阻止他们游泳。按照海洋环境咨询联合体项目总监 Jacob Stten Møller 的说法，这个标准在冬季没有采用，因为假设冬季没有游泳者，即便水质超标也没有人提出抗议。但令人惊讶的是，当限制值被超过时游泳者还是提出了抱怨。

图 6-4　通道丹麦侧隧道洞口成形

Jacob Stten Møller 认为，承包人更加欢迎清晰和可量测的标准，例如清晰地定义溢流量限值，也容易被验证。在大贝尔特项目合同中没有设定溢流量限值，直到当地政府和丹麦环境部从空中注意到水中大量的、高度可视的溢流浑水带后才设定。当时合同已经签订，施工方案也已经批复，在大贝尔特项目中再执行溢流量指标被证明非常艰难。

最终 5%的溢流量被大多数人接受为厄勒海峡通道项目一个合理的指标。Jacob Stten Møller 坚定地说，5%不是一个固定的指标，不应该被盲目跟从，这个指标只是适用这个特定的项目、这里的物种和原因与影响等，这些因素在之前都被仔细地评估过。

与春季和夏季相比，疏浚溢流的影响在冬季时通过额外花费少量的钱可得到大大减少，但这需要很聪明智慧的计划。业主环境和政府部门项目总监 Claus Dynesen 说承包人刚开始根本不喜欢这个指标，但后来他们非常骄傲达到了这个指标。总之，引入环境保护的费用是不能被忽略的。“环境保护很昂贵因为监控很昂贵”， Claus Iversen* 说。本项目需要采用三艘监控船来监控两艘疏浚船以及填筑工程，从而可以用监控测量的结果去争取溢流奖金。不管怎么样，Claus Iversen 相信，即便只有少量监控，都会在改善溢流数量上产生很大的效果。

6.4 环境：对变化的反应

虽然承包人有义务负责监控和量测挖泥量和溢流量，但更进一步，业主要负责监控合同的义务是否被履行，是否达到期望的保护环境的效果。业主建立了一个“反馈监控”计划，采用现场数据和实验室分析来检查对比预测的环境影响结果与实

图 6-5 天鹅吊

* 业主疏浚与填海的合同经理。

际的结果。任何与预测结果有大的偏差都要马上进行调查，找出变化的原因是否由施工引起，如果是由施工引起的，就要指令承包人进行方法改进。

如果属于监控方面的责任，业主保有对任何变化的反应的能力，如果需要，可以迫使承包人改变施工方法，极端情况下令其停工进行改正。

并不是所有从反馈监控得到的变化信息都是负面的。开始的预测显示冬季疏浚引起的环境破坏更小，因为鳗草在冬季需要的阳光更少，而且有“冬眠期”，所以冬季允许溢流量要比夏季高。但是从头 18 个月的疏浚监控来看，因为海峡洋流在夏季的速度较慢，溢流量比预期小。因此业主要求丹麦和瑞典政府增加部分夏季的溢流预算而获得了同意，从而加快了施工进度。

在监控计划下，要求承包人在网上发表溢流记录，任何人都可以介入检查。丹麦水利院负责进行抽查，他们的检查被大家信赖和认可，也被用来证明和保证承包人是否按照要求执行，并在将来可以获得他们的奖励。

“以前，施工行业不得不按照工厂化行业拟定的溢流标准，采用完全不同的参数”，Jacob Stten Møller 解释到。如果环境结果不能被接受，业主并不会主动告诉承包人将由一家没有特别策划的机构进行监测评估，因为有很重的罚款，这种传统方法不能被施工行业接受，承包人总是想知道为什么他们要有义务来收集这些信息。

但是厄勒海峡通道工程非常细心地为施工量身定做了标准，容易被承包人理解和量测，监控过程更有成效性。“业主有非常强的团队，他们知道可能会碰到什么问题，他们也知道怎样去和监控检查部门打交道。我们不是敌人，尽管有时候是这样”,Poul Erik Nielsen* 说。

“我们要做的就是请业主提供文件证明承包人正在正确地

* 自然森林和自然机构的生物学家。

图 6-6 环境监控

工作，我们做一些抽查，但还是由业主来决定如何对待承包人”。

第三层监控由瑞典和丹麦政府委托独立进行，注重比业主监控内容更广领域的数据。业主可能监控某个特定的物种比如鳗草和特定的参数比如悬浮物比例，政府部门就可能全面来检查：所有的植物、鱼、鸟和这个区域的海洋生物、海岸地貌和整个水质。

即便大贝尔特项目建成后只经过很短一段时间，人们对环境的知识和理解就发生了非常大的变化。“所以尽管厄勒海峡通道和大贝尔特项目规模相似，也几乎不可能去比较这两者在环境上的看法，因为大贝尔特项目的决策是 10 年前作出的”，业主环境和政府部门项目总监 Claus Dynesen 说。 在环境态度上的快速变化不但增加了环境措施的造价，而且对人们对环境影响的原因和结果的基本理解也产生非常大的变化。

Claus Dynesen 引用了大贝尔特项目的一个例子，当时发现鸟类生存受施工威胁最大；而对比不同的是，厄勒海峡通道项目却认为鸟类的数量更需要关注，而鸟类本身生存并不受到威胁，相反它只是一个觅食区的脆弱性和战略重要性问题。

有一些物种，比如鳗草，完全可以因溢流导致光线的降低而影响生长，从而非常直接地建立因果的关系，但用于其他物种的预测就完全可能是错的。例如环境专家根据对海豹行为的已有知识，预测局部海豹种群可能由于施工活动受到惊吓逃离它们的领地。最终决定在采取大量措施前，先考虑简单的办法来刺激海豹在施工完成后回来。可事实证明以前的假设是错误的，海豹只是非常好奇这些施工活动，并没有因为害怕而离开。

6.5 安全：鼓励更安全地工作和奖励成功

任何一个建筑行业的人都不愿意因为没有认真考虑安全问题而受指责，安全程序一般都是由承包人来制定和实施的，业主没有或几乎没有压力。

一个方案的成功很显然取决于承包人的能力、承诺和承包人实施的决心。这种情况可能更适合于设计与施工总承包合同，承包人负责设计和实施，这样咨询单位就不会有借口说他们进行了设计，却不能安全地被承包人实施。

对于厄勒海峡通道项目，业主从一开始就决定将安全放在第一位，这么大的施工场地、这么多不同的承包人密切合作工作，存在出现可怕事故风险的可能性。为了保证安全施工，业主首先要求承包人提交质量管理手册初稿包括健康和安全程序，作为投标过程的一部分。业主通过对这些文件进行评估来评判每一个承包人对安全的重视程度。

一旦签订合同，只有业主对这些文件最终版批复同意后，才能允许开工。整个合同执行期间业主将监控安全方案是否被遵守，任何严重的或者重复违反行为都可能遭停工或者延迟付款处理。

图 6-7　与丹麦端相接的第一个隧道管节沉放

尽管采取了这些措施，在项目刚开始时，意外事件或事故数量与国家标准相比都在上升。项目现场统计数据包括丹麦和瑞典岸上段工程的数据显示，在 1995 年中期，事故率为每 100 万工作小时 20 例报告的事故，大概是丹麦建筑行业平均水平的一半，这是可以接受的。但是当事故频率急剧上升超过两倍这个数据时，三个主要的承包人都采取了措施，来鼓励员工采取更加主动积极的方法保证安全、降低事故率。

这些做法的目的就是从个人的层面来改变工作的态度。因为正式的安全规章制度已经制定，让施工人员树立更强的个人责任心则是继续安全施工的一个最好办法。

业主又引入了一些创新举措：现场的施工活动中采用旗子或标牌来提示特别的风险行为，加强安全意识和强调有风险的操作活动；在项目季刊上发表与施工相关的信息、特点和统计数据。设立施工安全奖，每两年颁给安全记录最好的承包人。有一些承包人还引入了员工“工具箱会谈(Toolbox Talks)*”制度，即在工作时间内安排安全会议，鼓励员工对如何提高改善施工工作提出反馈和建议。

对于特殊的灾害情况，例如具有特殊危险的冬季施工、海峡中部特殊位置施工，或者与现场拆除相关的危险情况等还设置了附加的安全竞赛。

按照 Mats Williamsson** 的说法，从长远看，投资在安全上的钱根本不算什么。桥梁承包人（Sundlink）为项目设立了五个目标，除进度、预算和质量作为标准的目标外，增加了安全和环境。Mats Williamsson 相信如果是致力于其中一个目标，只需要再多花一点点钱就可以照顾到其他四个目标。从长远来看其实节约了钱，因为如果出现事故和环境问题就不得不为加班、修复工作，或追赶进度而付出更多费用。“通过花了一些钱，而达到实际节约了钱”，他说。“发生一个事故进行修复工作或者被环境保护人士追踪的费用是很昂贵的”。

Heidi Wiese*** 对于如何实施这些目标所做的解释是：“我们必须保证安全不是作为一个孤立的项目被检查，且不仅是安全人员的职责”，她说。所有员工从上到下都要参加安全课程，“几乎没有人例外，每一个人的安全帽上都配戴上标签，其他人可以看到他们是否经过严格的培训。工人没有经过培训是不允许做特殊工作的”，她补充说。

Sundlink 完成了厄勒大桥的桥墩施工时，是第一个获得业主安全奖励的单位，因为他们提供了现场特别好的施工通道和脚手架工程。

---

* 译者补充：此为专用英语名词，是指作业人员在作业前，集中在一起，由作业负责人或技术人员对安全工作进行交底，沟通工作中风险及安全措施的短暂、非正式的会议。因一般情况下都是在作业人员拿好工具箱准备作业，或坐在工具箱上开的会，所以形象地称为工具箱会谈。

** 桥梁承包人联合体 Sundlink 项目总监。

*** Sundlink 的质量保证工程师。

虽然安全奖励以现金形式给出，承包人往往都捐助给慈善机构来表明有一个安全的工作环境比经济奖励更重要。更进一步，每颁发完一次奖励后，每一个承包人以前的成绩就被全部勾销，所有单位都重新在一个平等的基础上开始下一轮奖励的角逐。这对鼓励改进更有成效。

在引入这些活动和竞赛以后，事故数量下降到可接受的水平。完工半年前，业主公布了一个涵盖整个岸到岸工程的安全统计数据：事故率为丹麦平均水平的一半，与瑞典相当，峰值处于 1997 年施工高峰期。

丹麦和瑞典两国的安全数据差异也在通道的岸上段上得到体现，丹麦人比瑞典人更易发安全事故，这与文化差异有关，工程技术总监 Peter Lundhus 相信。“如果在地上挖一个很大的洞，沿着洞口周围画上线并立上标牌‘禁止靠近，危险！’”，他解释说，“瑞典人会老实遵守规定，走过时与线保持一定距离，而丹麦人一定会越过线走到洞边看看到底有多危险”。业主准备出版一本安全报告，把向工地工作的业主、承包人和分包商等进行广泛调查的结果进行总结整理。业主希望其他机构将来可以借鉴和参考这份报告，并帮助建立和实施他们将来的安全活动，从而提升整个施工行业的工作条件。

并肩建造

7.1 简介

1991年两国签订协议建造这条通道时，计划于2000年通车。

考虑到项目所有要克服的障碍，不仅规模大而且环境要求异常严格，从一开始要为项目制定差不多跨越10年之长的计划就是一个非常高难度的任务。

考虑到施工对天气敏感的程度及疏浚承包人从来没有被要

图7-1　管节拖运

求满足如此苛刻的溢流标准的事实，一个项目哪怕只由一个合同联合体执行也是十分困难的任务。如果只有一个合同包，至少界面接口数量降到最低。但是厄勒海峡通道建设事实上有三个主要的合同联合体同时进行施工，加上其他一些小的公司或联合体安装全线铁路、信号和电信设备等设施，使项目任务变得更加困难。发生争议以及浪费时间的可能性非常大，尤其在两个相邻承包人工地的接口界面最小的地方可能性最大。

所以通道如期在 2000 年通车是所有成功中最让人难忘的，任何认为业主很幸运达到了他们目标的说法将被马上否定，幸运与此无关，积极主动的管理才是关键。其中一个重要元素就是前面章节介绍的业主和承包人建立的公开坦诚的伙伴关系，使业主能够保证任何问题很快得到处理，把失去的时间降低到最小。

第二个元素是大胆创新，以及承担重任的业主劝说承包人的能力，业主能把他们的主张推荐给承包人并成功劝说他们实施。业主在项目预期完工的三年前开始，对仍需要完成工程的进度和计划进行全面审查。审查工作发现了可以在承包人之间的接口上采取更有效工作的方法以及更好的合作方式来节省工期。一旦承包人被好处和利益所说服，所有的承包人都签订了一个更新的进度计划，使通车时间比原计划提前几个月，也就是 2000 年 7 月 1 日。

7.2 平行施工：计划和合作

刺激更高工效的平行施工办法来自业主的想法。作为一个“智慧的业主”，专门设有计划专家团队，在通车之前的三年，业主通过计划专家团队开始寻找更高效施工的可能性。该团队手上已经有承包人投标时十分详细的计划，业主用其跟踪里程碑付款、识别工期延误，或者预测问题的发生。

利用承包人的进度和计划信息，计划团队可以对仍然未完成的工作有一个整体的看法，找出计划中是否存在影响工期的内容。

工程技术总监 Peter Lundhus 解释："任何一个承包人在他的计划中都有'预留的时间'，只是不愿意告诉其他人而已。1997 年我们把所有承包人的计划放在一起，研究了三四个月来找出可能的富余时间，我们发现如果把富余时间在承包人之间'分享'，可以把项目完工时间大大提前"。

他也承认把他们的这个主张推荐给承包人进行了很多讨论。总体来说，承包人在他们的计划中预留的富余时间是为了预防在最后一分钟出现问题时还有补救的空间、在需要时还可以重新调整施工计划；如果一切顺利，这个空间就可以转化成财务上的收益。所以要劝说承包人放弃对这些富余时间的有效控制并不容易。但业主花了几年时间和承包人建立起来的健康的关系帮助实现了这件事。Peter Lundhus 说，"没有前三年建立起来的合作和信任，我们根本不可能去讨论这件事。"

Ingmar Björnsson * 是业主行政项目总监（负责合同之间的接口协调），他回忆说计划专家们发现了可以节约几个月工期的机会。"1997 年，我们对全部计划进行了全面审查，发现通过更智慧地安排施工工序可以提前完工的可能性。我们和承包人见面并和他们讨论，看他们是否能够被我们说服并接受这样做带来的好处"。

当然，这不仅是要所有承包人同意更改计划这么简单的事情。业主在更新计划下对承包人产生附加费用的几个方面也蕴含了财务上的补偿，但这些补偿是基于他们能够做到提前几个月完工同时在 2000 年 7 月 1 日通车的基础上的。"很显然，我们需要补偿承包人重新改变施工计划，这个变化也意味着需要更紧凑和强化的进度安排，但我们也看到了早通车带来的好处"，Ingmar Björnsson 说。

这个计划的改变不但需要承包人和分包人重新改变他们各自的施工计划，而且对其他项目的参与机构都有连锁影响。例如：

---

* 业主行政项目总监。

图 7-2　收费站

丹麦铁道部运营单位（DSR）不得不改变其计划，DSR 运营总监 Henrik Norgård * 说，除了司机培训计划要加快，他的部门还要加快列车采购计划。制造商 Adtrans 因为提供了 10 辆新车以满足新的计划而受到奖励。Henrik Norgård 说提早通车带来的收入可以平衡这些日常管理费用、加速施工引起的费用和奖励的费用，然而并没有算上提早通车收入的额外利润部分。

业主可以很容易解决计划改变对造价的影响问题，最大的挑战还是保证承包人之间都能按照新的计划执行。业主也不得不承担维护这个新计划的责任，检查所有的承包人都按照他们的承诺执行。非常重要的是需要保证每个人，也就是所有的现

* 丹麦铁道部运营总监。

场员工，都是在同样的合作精神下工作，因为他们是实际来执行这个改变的人。

7.3 承包人合作

说服承包人签署更改的计划是一回事，要说服承包人与其他承包人交流并合作一同工作又完全是另外一回事。

“承包人之间需要更加紧密的合作，这样现场问题才能够通过直接交流尽快解决，我们必须让承包人同意这样做”，Ingmar Björnsson 解释说。为了在实际工作中应用，业主引入了一些新的程序。首先将现场监督协调计划的责任归由隧道和桥梁的承包人联合体 ØTC 和 Sundlink，Lars Carlsen* 说，有时这个协调过程比所能做到的更慢。

ØTC 和 Sundlink 每六周召开一次会议，给分包商们布置下一个六周的任务或分配责任。但分包商把这些计划付诸行动时可能慢些，或者过一些时间后还回过头来会问工作的问题，所以时间就失去了。Lars Carlsen 相信如果业主能更多一点介入平行施工计划以及相关联的奖励方案的协调，这个过程会更有成效，因为对三大承包人的责任协调工作，业主毕竟比 ØTC 和 Sundlink 的联合体能够施加更大的权利。另一方面，他也理解这个做法会违背业主“不插手”的管理理念。虽然业主发起了这个更新的计划，但是仍然由承包人继续保持控制并最终对施工负责，这一点也非常重要。

Sundlink 的 Mats Williamsson** 对业主的这个创新想法非常有热情，他说，业主的平行施工方案是“一个极其智慧的想法”。“我们马上开始采用不同的方法来配合其他承包人”，他回忆。在通车前 6 个月采访他时，他完全相信所有的承包人都可以按时完工来满足 2000 年 7 月 1 日通车的最后时间期限，因为他说，大家都在互相检查互相监督。

* 海洋工程承包人项目总监。

** Sundlink 的项目总监。

图 7-3　采用较短长度的暗埋段连接桥梁和收费站

图 7-4　工厂生产隧道管节

桥梁承包人 Sundlink 临时调派了两个雇员来专门管理这个联合的计划，隧道承包人 ØTC 也采用了同样的办法。“他们在业主的办公室工作以便尽可能节约剩余的时间”，他解释到。他们被有意安排从 Sundlink 办公室搬出来工作，从而可以执行独立地决策，他们只需要为满足通车时间采用最好的计划，而不需要考虑如何对自己的联合体 Sundlink 最有利。Mats Williamsson 说，有一次，Sundlink 的一个分包商还主动留下了一些工人给“安装监控和数据接收系统”的承包人 Sainco 使用，以帮助他们加快进度。

这些都突出和强调了平行施工方案的主要元素：激励承包人之间更加紧密工作，而不只是思考他们自己的进度。例如：

如果一个承包人在两个承包人工地的接口处使用一套脚手架，他可以知会相邻承包人，让他们在有施工时也可以想到使用这些脚手架。他们可以互相协调好计划，而不需要二次安装和拆除这些设备。很显然，这也使各方之间经常的交流成为必须。

Erik Skotting* 认为这个方法很成功。“在平行施工的要求下，承包人之间实行定期的会议来讨论六周的滚动工作计划，从而使各承包人之间互相协调并建立建设性的对话，从而帮助每个承包人达到共同的目标”，Erik Skotting 解释到。

7.4 奖金的支付

设置与所有承包人相关的奖金制度可能是平行施工计划成功的最主要举动。业主让承包人确信：共同协作完成更新的时间计划，不但提早完工，而且可以使承包人获得更好的利益。过了一个月业主就发给了承包人总共 1.1 亿丹麦克朗（约合 1.375 亿元人民币）的奖金，奖金会按承包人合同份额比例分配，但只有在所有承包人都按照计划完工后才能支付。

业主采取这一举动背后的依据就是，在没有奖金的前提下，所有承包人都承诺了支持新的计划；而现在还可以拿到奖金，就更会抱着感激的心情相互合作去完成计划 。Peter Lundhus 说这个举措也促使承包人在接口位置更好地合作，“他们互相帮助，因为每个人都是为了同一个目标工作，他们在按时完成后都有同样的利益” 。

Erik Skotting 继续说：“奖金发放很简单。如果 7 月 1 日前能按时完工，所有人都能拿到，但如果有一个承包人未能按时完工，任何人都拿不到” 。这样安排的设计就是为了鼓励各方之间的交流和互相帮助。“管理上要用胡萝卜而不是大棒” ，Erik Skotting 说，他一边说一边用手在空中挥舞起想象中的大棒。

把所有合同按照这种方式绑在一起非常聪明也非常有效。按照桥梁承包人 Sundlink 的项目总监 Mats Williamsson 的说法，

* 业主的隧道合同经理。

奖金支付的前提是所有参与人员已都已完成他们的计划，这种方法具有不可思议的激励作用促使参建人员和其他承包人一起合作。

Mats Williamsson 在 Sundlink 的同事 John Lassen* 也同意这个说法，他赞扬引入平行施工奖励机制是业主“明智的举动”。“它为每一个人包括分包商，设立了一个共同的目标。这种工作方法意味着每一个人都极度关注其他承包人联合体发生的事情和进展”，他继续说。“如果说这是一个天才的举动可能有些过分了，但是我们避免了在惩罚和延迟交付问题上长时间的争议。”在他的经验中按时移交工程获得奖励并不是新鲜事，但是厄勒海峡通道建立的方法，把不同合同绑在一起，每个承包人都不得不充分合作来达到目标的方法是不同的也是非常成功的。

完工奖励同样也应用于业主的员工，虽然和承包人的经济奖励额度比例不同，这种安排让业主知道他们对成功完工的影响比承包人小些。

业主不同的奖励是：如果承包人延迟计划三个月完工，业主员工获得他们原奖金的一半，如果延迟到 2000 年 12 月 31 日才完工，业主员工得不到任何奖金。

当业主制定这些奖励机制时很清楚他们同时要买“保险”，而不是等待那一天可能真的不能按时通车时，来承担每周 2000 万丹麦克朗（约合 2500 万元人民币）的损失。这个数目大约是未按时通车每天要支付银行的利息，并不包括通行费收入的损失。

---

* Sundlink 成员 Højaard & Schultz 的执行副总裁。

8 公开建造

图 8-1 岛头暗埋段

8.1 简介

从一开始，公众对厄勒海峡通道建设的兴趣就相当巨大。方案吸引注意的原因众多，从将给厄勒地区经济发展可以带来广泛的前景，到施工可能对海峡特殊物种的影响的关心等。感兴趣的人群包括两个国家和地方支持项目的政治家、受建造工作影响的个人，甚至是小部分人，比如道路合拢可能影响到的人。

通道非常引人注目的地理位置也意味着让到访该地区、哪怕是对该项目没有了解的人员也产生兴趣，当他们所乘飞机在丹麦凯斯楚普机场附近上空盘旋通过海峡降落陆地之前，一定不想错过了从飞机上俯看一下施工现场的机会。

毫无疑问当地媒体兴趣更大，特别是之前丹麦方媒体对大贝尔特项目已经有过广泛的报道，尤其是对负面消息的报道。由于这个工程的规模，国际公司的参与，以及这个项目期望的对欧洲贸易和交通的影响，国际上的兴趣也很大。

很显然，公共关系和信息服务对项目的成功很关键，不但在于说服公众对这个项目的支持，而且在于保持这些始终奋战在施工工作中的人员的士气。

8.2 透明，主动和公开

为了达到业主自己设立的公开透明的目标，不仅需要保证现场有足够的信息资源，同时也要让承包人清楚地知道他们同样也在扮演重要的角色。

在施工高峰期，业主设立了一个很大的公共关系部门，不仅处理信息方面的问询和要求，同时也出版面向现场员工的定期简报、面向公众的简报、手册、技术出版物等。

Jacob Vestergaard* 相信一定要投资公共关系并聘用熟悉公共关系的人员，比如熟悉和媒体、观众打交道的人员，熟悉工程需求和最后工程期限的人员。许多这个部门的员工原来就是记者。Jacob Vestergaard 说业主要利用媒体来向每一个人传递项目信息，包括为通道工作的5500名员工，涉及的政府人员、政治家、环保团体以及对项目感兴趣的公众。

“对项目进展要有可信的、公开的、积极的报道，从而使业主成为项目的新闻发布机构，要让媒体相信我们”他说。他的部门工作的目的就是让媒体很容易和被吸引采用他们提供的材料。“我们希望每一个人都能跟踪到这个项目的全过程，这

* 业主信息部总监。

样让他们最终相信建造它的决策是正确的”，Jacob Vestergaard 解释到。

他相信，持续公开项目费用使用情况，能成为是否让政治家们满意的最好的证明。业主专门聘用了一个咨询机构来定期进行公众民意调查，了解公众对项目的欢迎程度。理论上，这样可以让政治家们高兴，知道他们的选民对项目是满意的，否则政治家们会有游说项目变更的风险，以博得他们选民的满意，而可能不会考虑项目的最大利益。

尽管如此，他坚信每一个人都有权利询问这个项目能给他带来什么。因为这个通道由丹麦和瑞典政府拥有，是一个非常公众化的项目。“所以建立良好的公众形象，业主就可以获得更多的空间去按照自己认为最适合的方法去运作”，他说。

Jacob Vestergaard 的同事 Ajs Dam* 解释到，业主学习了其他树立了坏形象的项目案例经验，这些项目缺乏积极主动的公共关系。“我们从其他项目学到了很多，如何和媒体和公众打交道，我们不想和任何一方成为敌对关系”，他说。

Ajs Dam 从通道建设的早期就参与了项目，他回忆自己在 1993 年就被聘用，为海峡丹麦侧有争议的岸上工程合同提供公共关系输入信息。他说，按照媒体的兴趣和当地社团的意识，岸上段工程与海中段非常不同。岸上段比海中段提前很多完工有两个原因：一个原因是为了分散投资，另外一个原因是为了帮助就业和在厄勒海峡通道通车前使其和机场的连接线提早开通使用。

“1993 年 9 月我们开始破土动工”，他说 “媒体和政治家兴趣非常大，因为当时还没有决定通道的环评是否可行，政治家们甚至说岸上段开工是有点挑衅的行为。结果在开工典礼上发生了大的示威，派出了 250 名警察手牵手来维持秩序防止意外”。

这也说明本项目岸上段工程有一个戏剧性的开始，同时为

* 业主公共关系经理。

将来主体工程施工提供了一个有用的教训。“我们从这次事件中学到的东西对整个项目的信息交流过程都发挥着作用，尤其是在丹麦方。”

“因为公务员正在把我们的技术项目，从一个带政治层面运作到可执行层面，因此我们处于掌管方向地位”，他说。Ajs Dam 和他的团队认为传播事实，避免带感情色彩的信息是他们的首选。

作为丹麦机场连接线的一部分，岸上段连接线业主（A/S Øresund）不得不穿过城市地区开发建设一条 100m 宽 9km 长的

图 8-2　工厂深坞浅坞全景

公路。工程包括征地和拆迁，对部分当地居民影响非常大。

“超过 250 幢房屋被拆除，涉及上千户居民。我们花了很多时间和金钱帮助当地社区”， Ajs Dam 说。其中一套房屋被改造成当地信息办公室，由一位曾是老师的人来管理，作为当地社区的发言人，代表社区的利益和收集投诉。他受到广泛的信任，能够非常迅速地解决问题，如果必要他可以越过任何繁琐公务程序。例如：如果工地灯光照进了某个家庭的睡房，他可以直接到工地经理那里解决问题。

Ajs Dam 说采用这种方法，他们可以很快缓解很多局部危机，否则可能会转化成政治冲突，并成为负面的媒体报道。“新闻总是期待更多负面的信息，但实际没有发生。当地人会说，‘我们可以不喜欢这个建桥的想法，但是我们被照顾得很好’”，他说。

很快，Ajs Dam 说，围绕业主的传言都用很透明的方式处理，且他们做好准备听取当地的意见。过了一阵，岸上段项目整体取得了正面的形象，开始时对项目的敌对意见开始消失了，因为它不再是新闻期待的人们感兴趣的故事。

这个公共关系团队坚信的另外一个原则是，人们总是厌恶出其不意的事情，不管是好的还是坏的。“我们需要形成一种常规意识，就是所谓的‘带宽白噪声’，不断发布很多小故事，好的和坏的，仅用于向公众展示出我们一直是积极的形象”，Ajs Dam 说。

对于项目施工过程中遇到的问题，我们不会只是保持沉默或忽略掉，而是会在定期由业主发出的简报——Sund & Bro 中报道。桥塔沉箱下注浆体被冲刷、桥面板部分混凝土质量差出现裂缝以及让人尴尬且受到公众高度关注的隧道第 12A 管节沉落海底的细节内容，全部在简报中详细报道。有时新闻媒体知道问题的发生，信息来源首先是通过公共关系部的团队。这对大多数业主来说都是厌恶的事情。

“在新闻媒体发现问题并报道之前，业主就已经主动将问题告诉新闻媒体”，Klaus Falbe-Hansen* 说，并引用了新闻媒体报道施工问题的一些例子。“整个项目的精神状态建立起来了”，他继续说，当时瑞典报纸对项目的报道已经非常广泛和充满热情。

丹麦的大贝尔特项目，被众多问题和工期滞后所折磨，它是本项目的公共关系部致力于不要去效仿的案例之一。Finn Ennemark ** 解释说两个项目对待公众的态度非常不同。“大贝尔特项目遇到问题时，总是告诉记者这些问题都太技术，媒体不能够明白的”，他回忆说，“那么记者们只能回去自己编造他们的故事”。而本项目业主的方法就是完全透明，Finn Ennemark 说，如果一个记者想问他问题，记者会被邀请到业主办公室来面对面交流，记者可以问需要了解的所有问题。

8.3 避免灾难

1998 年 8 月，当隧道承包人在安装第 13 个管节时，业主的公众形象经历了一次最残酷的挑战。这个管节被迷信的承包人命名为 12A，因此在沉放过程发生的问题使它的编号成为一个讽刺：一端的密封门破裂使该管节迅速沉到海底。

业主信息部总监 Jacob Vestergaard 引用这个事件的处理作为例子来证明媒体对业主的信心，相信业主没有隐瞒本项目的丑闻。55000t 的管节沉落到海底几小时后，业主就发布了一条新闻。

Ajs Dam 回忆了事故发生后的处理程序。“我们有一个系统可以让所有相关信息在几分钟内传递到我们手上，同时我们和承包人一起准备了一个声明，在事故发生两小时后即发出，提供了尽可能多的事实，同时承诺我们将很快跟进报道后续情况。”

“因为当时我们已经和媒体建立了相当的信任关系，媒体仅在第二版页面发布了一条两栏的报道。对任何后续情况，我

* 桥梁咨询联合体（ASO）项目总监。

** 业主设计协调经理。

们把媒体和现场经理联络在一起，保证在承包人和业主之间没有冲突。”

Ajs Dam 相信业主的项目管理方法有助于发挥公共关系部的功能。“当采用一个基于合同的、由律师驱动的拘谨的管理方法，就不可能迅速进行信息交流，这样就给谣言和流言蜚语钻空子留有时间。任何的时间耽误都可能意味着媒体已经制造了 20 个故事，每一个故事可能都没有真正的完整的信息。”

8.4 承包人新的交流角色

业主要求承包人像把施工作为自己的义务一样，采用相同的积极主动的方法对待他们的信息交流政策，并希望他们强调和重视施工中的问题和延误，从而让他们的进度计划不会受影响。同时，也要求承包人形成和维护一个公开、积极的公众形象。

Søren Langvad* 声称，本项目与公众、媒体的信息交流和以前他的经验差别相当大。隧道承包人（ØTC）团队必须处理隧道管节沉落海底的事件：这是整个项目最令人尴尬的场面。但 Søren Langvad 相信采用公开积极的态度和媒体打交道是最好的解决方法。“我们告诉记者问题是什么以及怎样去处理”，Søren Langvad 回忆，“媒体也就失去了兴趣”。最坏的情况就是事情不能被正确地把控，如果让记者弄来政治家介入，并且将一切事情都卷入到某种丑闻中。

“承包人在他们从事的领域可能是技术和质量的专家，但是他们还要顾及整个世界”，Jacob Vestergaard 说，比如涉及环境、员工安全、媒体、公众、政府部门以及项目跨越边界的外交问题等。

即使在没有业主公开和合作态度的条件下，承包人尤其是疏浚和填海承包人也会被更多地被置于聚光灯下，因为他们需要向公众反馈施工监控信息。

* 隧道承包人联合体成员 E Pihl & Sons 的执行董事。

8.5 与政治家打交道

虽然采用公开的政策在形成丹麦政府、瑞典政府和业主之间的信任关系中毫无疑问发挥了作用，但是项目进展顺利最重要的因素还是业主被赋予的独立和自由度。当被批复同意建造这条通道后，业主就需要满足一系列标准，例如“零阻水率”要求，以及苛刻的环保条件。

在大贝尔特项目中，政府参与项目很紧密，所以显然有政治家们想更改项目的风险，从而可能危及项目的进度计划，或者至少导致关于原协议重大的财务方面的讨论。

而厄勒海峡通道项目，Jarn Schauby * 说，与政府或者政治家们至少保持了一定的距离，这样给业主更多的操作空间。尽管如此， Jarn Schauby 解释说，业主不期望承包人承担政府部门思路上变化带来的风险，例如自行车道、新的汽车排放标准或者危险品车辆问题。“在钢材和混凝土世界之外有一个政治家的世界是承包人无法控制的”，Jarn Schauby 说。他记得有一个关于设立通道公路交通量上限的讨论，本质上是希望限制尾气排放，同时鼓励使用公共交通，尤其是双方政府都在铁路上有巨额投资。但这个讨论总是没有被落实过，Jarn Schauby 总结说，政府部门对这样长时间的项目从概念到实现的过程因为容易改变主意而出名。

从一开始，Peter Lundhus** 就很坚定：业主应该有一个由政治家们设定的清晰框架，在这个框架下，业主可以自由对这个通道的类型、施工方法作出主要的决策。他为大贝尔特项目总结的教训就是有些重大的决策本应该由工程师决定，例如沉管隧道和盾构隧道的选择，结果进入政治程序，而由政治家们决定。

本项目中，政治家们制定需要满足的标准，例如造价和环境影响标准，但是没有权利告诉业主应该怎样去建设这个通道。

---

* 业主的分析家。

** 业主工程技术总监。

必须由政府作的决策的依据都是基于业主提供的完好的项目信息。业主提供了政治家们需要的所有信息和研究成果，业主也会去预计政治家们可能关心和询问的问题，并事先准备好问题的答案，这样审批过程就容易多了。

“与政治家打交道的秘密就是永远不要去问他们问题”，Peter Lundhus 笑道，“因为会从他们不同的人那里得到不同的答案，而且还要向他们汇报解决方案和背后的理由，所以他们很难回答你的问题”。在设计开始阶段，有一个争议是采用单层桥梁还是双层桥梁，这是一个足够简单并容易解决的问题，招标中要求承包人按两种方式都进行设计，最终双层桥梁在所有的标书中都是最经济的而被选定。

图 8–3　丹麦王子和瑞典公主参加桥梁合龙典礼

9 建设未来

业主一开始花费大量精力和时间来建立一种新的可执行的管理理念，就是为了达到一个良好质量的目标、计划和预算的目标，以及安全和满足环保要求的目标。

然而既然团队已经达到了这些目标，还有什么机会在土木建筑行业全面应用他们学到的经验和教训以及开发的项目管理模式呢?

毫无疑问，在世界范围内土木建筑行业都在寻求一些新的工作思路和方法来尽可能消除目前建设进程当中各方好斗、争议的本性。业主需要的是使工程将来能够按时交付、不需要花费额外费用来应付项目建成多年后还在拖延的索赔。

承包人经常被要求承担一些与他们无关或无法预见的风险，或者要求在只有可怜的不充分的地质勘察资料的基础上提交标书。所以也就不奇怪，许多承包人都把索赔看成唯一可以获利的方式。但是承包人可能需要等待多年才能收到这些索赔，而且过程中还要花费大量的费用，这个方法肯定不是最经济有效的办法。当被迫采取这种方式后，承包人的反应往往就会对分包商或供应商压价或者滞后付款。过去，滞后付款被公认为是土木建筑行业最严重的行业现象之一，虽然经过最近几年的努力改进了一些，但是几乎没有真正的变化。

现在有些地方已经进行了一些尝试来引入更加富有成效和公开管理的模式，希望能在某些方面得到改善。伙伴关系的建立，在英国处于前列，是整个行业对培育和促进业主、承包人和咨询人之间更好关系的一种需求。采用“伙伴关系”的合同，

图 9-1 完工桥梁

将各方的员工整合成一个综合的团队在一个办公室工作。与传统合同不同的是，承包人通常参与项目时间早得多，并且被鼓励参与设计。这也是对承包人价值的认可，业主可以利用他们的经验，尤其是在施工技术方面的经验。由此产生任何节省的费用都由各方共同分享，而且团队的各方成员都同意采取公开和合作的工作氛围。

但是本项目的业主工程技术总监 Peter Lundhus 相信这种伙伴关系还执行得不够深入，留下太多的机会。当所有的团队成员可能签订了同意书进行合作并培养互相信任的氛围时，这些目标都太主观，因为项目的成功很大程度上取决于参与的每个人。一个人的合作概念可能和另外一个人的理解有很大的区别；实际上在英国的一些采用伙伴关系的项目已经意识到这个问题。最坏的案例情形就是员工不能适应新的工作方法而不得不倒退到传统的合同方式上。但积极的一面是，虽然开始时费用可能更高，但业主能够对预测的最终成本有信心。

Peter Lundhus 认为他和他的同事们在这个项目上获得的经验和教训可以被广泛应用并具有可保证的结果。不管项目的规

模大小，如果业主下决心在一个设定的计划内为完成项目达到一定的标准，也准备为此付出合理的费用，就没有任何理由达不到目标。他毫不怀疑地认为，如果业主开始仅按照最低价标准授予了合同，从长远来看，通常最终都将在合同的最后支付更多。本项目的业主是很少见的案例，因为他们意识到承包人需要盈利，也是应该盈利的。

本项目积极的管理模式有一些重要的特点，比如采用了“争议评审委员会”、公平分担风险等，这些对本项目参与的绝大多数公司来说都是新事物。采用施工图设计与施工总承包的合同模式也是非常重要的，承包人被赋予驱动设计的机会，使用他们熟悉的技术，从而使他们用最有效的方式工作。

William Francis* 同意，如果业主的要求是明确的，同时如果像这个项目这样，签合同之前进行了相当多的讨论，那么设计与施工总承包合同就能够执行得非常成功。William Francis 建议，“采用这种方式后，很多的‘国家级’的束缚或障碍被解除，在工作尚未开始前就变成了一场‘无障碍赛跑’”。如果提前

* 隧道工程争议评审委员会主席。

图 9-2 管节沉放驳

完工与本项目业主收入来源（本项目指收费站收入）直接挂钩，成功就变得更有可能。例如提前一个月竣工的收益，业主可以通过与加快施工或提供奖金的成本进行比较后就很容易计算出来。

如果团队的成员不能忠诚地承诺最后的目标，这些写下来的漂亮文字、合同前的讨论或者经济上的“胡萝卜”奖励都是没有用的。“人与人之间的和谐相处是关键”，他继续说，“这个项目大家相处得很好”。大家已经注意到承包人的团队就是一个团结整体的团队，而不是一个个独立公司组成的联合体。“他们都为了同一个目标而工作”，他回忆说，“当然附加经济上的‘胡萝卜’奖励也起了促进作用”。业主团队也有均衡的项目管理经验且都致力于这个项目，William Francis 说。

Örjan Larsson* 相信设计与施工总承包合同不是一定要执行这个项目的伙伴关系方法，只要合同双方对一种好的合同模式达成了一致即可。“但是，执行这种伙伴合作模式可以让工程建设运作得最好，因为各参与方之间的风险分配更加均衡，同时他们也分享成功最重要的要素——共同的目标”，他说。

但是 Örjan Larsson 说在这种管理模式被广泛接受之前，还需要多几个大型项目作为案例。这种方式很大程度上取决于参与方；需要一个有弹性的、现实的和聪明的业主，承包人必须已经准备好要信任业主，并对业主忠诚。Örjan Larsson 引用 Peter Lundhus 的说法：‘一个巴掌拍不响、（探戈是两个人的舞蹈），在这个项目并不是一般的陈词滥调。就像舞蹈者一样，合作伙伴之间一次好的表演很大程度上取决于另一个人的步伐，如果领头者技艺高超、熟练有经验，那么完成一次成功和愉快的舞

图 9-3　令人思考的厄勒海峡通道（李英摄于 2013 年 10 月）

* 业主桥梁合同总监。

蹈表演的概率就很高；但是如果其中一个舞蹈者极其糟糕，连续朝相反的方向拖后腿或者老是踩对方的脚，那么能够达到美妙表演的概率就相当低了。

William Francis 相信，如果更多的业主采用这种工作方式，本项目的成功肯定会对将来的项目有影响意义。他预测这将激励业主在合同前阶段更多地关注定性的评估而不是定量的评估。关注承包人或联合体的品质、以前的经验以及已完成项目业主的证明文件，这些因素可能对被授予合同有更多的影响，他说这意味着将改变大型项目评标中技术分和商务分的平衡比例。

丹麦方可能不需要等待很久就将参与另一个类似规模的项目，即丹麦到德国的费蒙海峡通道，此规划已经讨论了一段时间，计划在厄勒海峡通道通车之前，在两个国家之间初步讨论是否继续推进这个项目。丹麦和瑞典协议的一部分就有在厄勒海峡通道的建设中，丹麦方将调研费蒙海峡通道的经济可行性和环境影响，如果证明可行，丹麦方将负责建设。

费蒙海峡通道的技术经济研究报告在 1999 年 9 月发表，结论证明这个通道的建设是切实可行的，尽管对私人投资人的回报率可能更低些。研究中不但从技术方案上而且从工程能力上，对费蒙海峡通道研究提出了很多比选方案建议，发现其中一些方案显然可以从将来使用者的收费中来提供资金。

报告中共提出了 8 种技术方案：盾构隧道方案或者沉管隧道方案，还有两种形式的桥梁方案。其中，交通形式又考虑仅设两条铁路线的形式和四车道公路线 + 两条铁路线的公铁组合形式。

研究也承认当时的交通量预测可能有一些不准确，主要是因为厄勒海峡通道通车后交通模式将发生改变，所以不容易准确进行费蒙海峡通道的交通需求计算。大贝尔特项目和厄勒海峡通道项目都取代了原来繁忙的渡船线路，而通过费蒙海峡通道的交通不是很繁忙，但是通车后将激发相当的附加交通量。到 2010 年，最大的交通容量预测将增加达 40%，这对项目成功很关键。

在本书撰写时，丹麦和德国政府已经经过了公共争议过程，按照研究的结果，迫切希望决策将来费蒙海峡通道项目的建设。

Dan-Erik Hansson* 相信：如果费蒙海峡通道项目推进，采纳和发展厄勒海峡通道项目业主的项目管理理念的机会极大地取决于业主的两个合作伙伴—— 丹麦和德国，但完全忽略这个管理理念是不可能的。

厄勒海峡通道项目业主继承了从大贝尔特项目获得的大部分经验以及受到瑞典项目管理理念的影响，费蒙海峡通道的建设将类似地受到厄勒海峡通道项目经验以及目前德国建设行业的工作经验的影响。Dan-Erik Hansson 说，“我们从错误和成功中学习”。

厄勒海峡通道项目管理方法无疑意味着业主需要进行更多的工作和准备，同样，业主要保证具备足够程度的技术经验来达到目标，业主还同时必须绝对确认他从一开始就知道他想要的是什么。经常会出现的情况就是项目半途，业主开始转移他的目标，因为他们事先没有设计好一个足够清晰想要达到的愿景。厄勒海峡通道业主确切地知道他们想要的，也就是满足设定标准、满足最终期限和满足预算要求的通道。具体承包人怎么建设这条通道并不是业主特别关注的，只要他们严格按照一定的限制条件来做，例如环境标准。本项目管理方法中的原理可应用于任何规模的项目，不仅是这样的超大规模项目。

这样的项目无疑吸引公众、政治家和媒体的注意力，不仅是当地，而且是国际上。当问题出现时，观众可以非常苛刻地批评；如果造价和工期失去控制，行业的声誉也受到影响。土木建筑行业都非常清楚提高自身形象的必要性和重要性，但是业主清晰的领导能力至关重要，如果初衷和目的就是要推进项目。业主和承包人之间要建立非常高程度的相互信任，这样才能互相理解和尊重另一方的目的。厄勒海峡通道项目的成功为

---

* 业主的铁路和海中段安装合同总监。

行业将要建设的项目提供了一个具体的案例。通过采用业主开发的伙伴关系项目管理理念，工程师们不但证明他们是技术专家，而且证明了他们能够高效应用专业技术的能力，并且是成功地应用它应对异常苛刻环保条件的能力。